# LE CONCOURS DE MOTEURS

DE LA

## « Locomotion Automobile »

# LE
# CONCOURS DE MOTEURS

DE LA

## " Locomotion Automobile "

OCTOBRE 1899 — JANVIER 1900

## (CHIFFRES ET RÉSULTATS D'EXPÉRIENCES)

PAR

## Gaston SENCIER

INGÉNIEUR DES ARTS ET MANUFACTURES

## Avec une Préface de Pierre GIFFARD

PARIS

Vᵉ CH. DUNOD, ÉDITEUR

49, QUAI DES GRANDS-AUGUSTINS, 49

1900

# PRÉFACE

L'autre jour, Gaston Sencier franchit le seuil de la salle de rédaction du *Vélo*. Il était à peine 9 heures du matin, mais les intimes de la maison savent que c'est le meilleur moment pour me rencontrer, et ils y viennent, ce qui m'est toujours très agréable. On cause, on papote, on échange les nouvelles, celles qui s'impriment et celles, bien plus nombreuses, qui ne se publient pas. Potins de l'Automobile-Club, échos des usines, renseignements industriels, tout aboutit, au cours de la matinée, dans l'entresol de la rue Meyerbeer où le grand *Vert* se confectionne chaque jour. Et tout en travaillant, on n'a pas, malgré l'arrivée accidentelle de quelques raseurs, le temps de s'ennuyer un seul instant.

Voilà donc Sencier qui s'approche, prenant l'air sévère d'un homme qui s'est chargé lui-même d'une importante mission diplomatique. Après les poignées de mains d'usage, je l'interroge. Que me veut-il, avec ce front soucieux ?

— Cher ami, j'ai quelque chose à vous demander.

— Allez-y ! vous savez que c'est accordé d'avance.

— Bien vrai ?

— Ma parole !

— Alors, je me risque. Je réunis en un volume une série d'articles que je suis en train de publier dans la *Revue technique*, sur le concours de moteurs de la *Locomotion automobile* et je viens solliciter de vous...

— L'annonce du volume dans le *Vélo*. Tant que vous voudrez.

— Pas du tout... une préface.

Vite ! que le diable vous emporte.

— Merci.

Mais aussi, on ne demande pas ces choses-là à un ami. Quel mal vous ai-je fait ? Comment voulez-vous que moi, qui suis un ignorant, j'aille écrire quelques pages d'avant-propos sur un concours technique auquel je ne comprends rien ?

— Lisez et vous comprendrez.

— Que voulez-vous que je lise ?

— Les épreuves de la brochure. Les voilà.

Je me mets aussitôt à feuilleter les épreuves, avec la rapidité que donne l'habitude professionnelle. Au commencement cela va bien. L'auteur rappelle, avec reconnaissance, que c'est le *Vélo* qui a, par la puissance de sa publicité, rendu possible ce concours. Les gens auxquels on rend service, à Paris, n'ont pas toujours l'habitude de vous remercier. On peut même s'en tenir heureux quand ils ne vous en gardent pas rancune. Une exception à ces coutumes d'imparfaite reconnaissance fait toujours plaisir et j'avoue qu'en ce qui me concerne j'y suis très sensible. Donc je feuillette en souriant et je souris en feuilletant.

Mais, voici que les choses se gâtent. Il y a des formules, ces horribles formules que les mathématiciens ont inventées pour cacher aux profanes les secrets de leur science. J'ai toujours pensé que cela ressemble un peu aux trucs des médecins qui appellent un bain de pieds : un pédiluve ; un mal de tête : une céphalalgie, et une enflure : un œdème, pour que le client n'y voie pas clair. Tous les ingénieurs que je compte parmi mes amis prétendent au contraire que c'est indispensable. Dans tous les cas, je n'y entends ni peu ni prou.

Mais comment, dis-je à Sénécier en sursautant d'horreur, voulez-vous que je vous fasse une préface.

Il y a :

$$p \ldots = \frac{Du \cdot h}{l}$$

C'est pour moi du turc. Vos lecteurs sauront donc déchiffrer ce grimoire ?

— J'en suis certain.

Alors je ne vous ferai pas de préface. Ils ne me comprendraient pas.

> Je ne suis qu'un barbare égaré sur ces bords,
> Fils d'un soleil moins pur et de moins nobles pères...

Ne continuez pas, s'écrie Sencier. Je connais. C'est le Pèlerinage de Childe Harold que vous me citez là, mais ce n'est qu'une traduction infidèle du : Barbarus his ego sum, quia non intelligor illis d'Ovide. Puisque nous parlons littérature, je vais vous servir un petit syllogisme. Écoutez bien. Vous dites que mes lecteurs ne vous comprendront pas parce qu'ils comprennent les X, les y et même les z. Or, mes lecteurs sont tous des lecteurs du Vélo, puisque tous les chauffeurs lisent le Vélo, comme disent fort justement les annonces. Les lecteurs du Vélo comprennent à merveille la prose de son sympathique rédacteur en chef Pierre Giffard. Ils comprendront donc votre préface. Vous êtes collé.

— Soit, je ferai votre préface. Mais que diable voulez-vous que j'y mette ?

Ce que vous voudrez. Vous commencerez par parler de l'utilité du concours.

À quoi bon, puisque je vous ai ouvert à tous battants les colonnes du Vélo quand cette utilité était discutée. Vous y avez bataillé tantôt sous votre nom, tantôt en empruntant la plume de votre ami Gazolin, comme vous l'avez voulu. La démonstration est achevée maintenant et le concours a eu un grand succès. Pourquoi faire des redites ?

— Alors, parlez des progrès qui pourront en résulter pour l'industrie automobile.

C'est bien difficile. Ces progrès ne sont pas tangibles à l'heure présente, parce qu'ils ne peuvent pas être immédiats. Les savants expérimentateurs d'Aubervilliers ont beaucoup travaillé pour montrer aux constructeurs qu'il était grand temps de sortir de l'empirisme actuel. La théorie complète de la locomotive est faite et bien faite. Quand on construit une locomotive, on sait absolument ce qu'on crée. Il n'en est pas encore de même, malheureusement, en fait de moteurs à pétrole ou en fait de voitures. Cette industrie a marché si vite que l'on a pu à peine étudier superficiellement ce qu'on construisait

C'est maintenant qu'on va entrer dans la période vraiment technique. Le concours de moteurs a fait voir nettement l'étendue du programme d'études à effectuer ultérieurement, mais il n'a pu qu'effleurer ce programme.

— C'est absolument vrai, mais nous ne pouvions faire mieux. Voilà des ingénieurs qui ont travaillé gratuitement pendant près de quatre mois, tous les jours, pour faire des expériences. On vous donne le résultat de ces travaux et il suffit de lire ma brochure pour voir l'énorme labeur que ces savants ont accompli, gratuitement je le répète, par pur dévouement à la cause de l'Automobile. Tout le monde a travaillé gratis dans ce concours. Malicet et Blin ont offert gratis leur usine au Vélo et ont fait gratis les coûteuses installations qu'on leur a demandées. Les appareils de mesure, l'essence, tout a été donné gratis. Ne trouvez-vous pas que c'est beau et qu'il y a encore bien des braves gens dans notre pays?

— Je n'en disconviens pas, mais, lorsque j'aurai dit cela, que dirai-je encore?

— Vous direz qu'il serait profondément désirable que cette tentative ne restât pas isolée. Si nous étions citoyens de la libre Amérique, il suffirait peut-être d'un concours de ce genre pour qu'un milliardaire enclin à jouer les mécènes offrît la somme nécessaire pour créer et faire vivre un laboratoire d'essais, où de jeunes ingénieurs étudieraient, d'un bout de l'année à l'autre, tous les problèmes techniques intéressant l'automobile. On a trouvé à Paris l'argent nécessaire pour fonder un laboratoire d'essais électriques. On ne le trouvera pas, je le crains, pour un laboratoire « automobile », si j'ose m'exprimer ainsi. Demandez donc un Mécène. Cela ne vous compromettra nullement, car il ne viendra pas.

— Mais l'Automobile-Club ne pourrait-il pas?...

— Il pourrait certainement, mais cela lui sera bien difficile. Un laboratoire de ce genre, pour être utile à tous les fabricants, devrait être fait et dirigé en dehors des fabricants. C'est déjà une condition que le cercle de la place de la Concorde aura bien de la peine à réaliser. Il faudrait de plus trouver, pour les mettre à sa tête, des savants absolument indépendants, ne faisant pas partie du cercle, n'épousant aucune de ses querelles et aucun de ses partis pris. Tout cela n'est pas commode. Un laboratoire de ce genre ne doit être ni un piédestal pour des ambitieux, ni une chapelle servant les intérêts d'une coterie. Ce doit être une œuvre d'intérêt général absolument ouverte à tous.

— Chimère !

— Je le sais, malheureusement. Mais les chimères d'aujour d'hui sont les vérités de demain. Votre rôle n'est-il pas de les présenter à la foule ? On ne vous en sait d'ailleurs aucun gré, mais qu'importe ?

— Alors, vous tenez absolument à votre préface.

— J'y tiens tellement que je ne partirai pas d'ici sans l'em porter.

Asseyez-vous là et faites-moi quelques échos pour le Vélo. Pendant ce temps, je vais écrire ce que nous venons de dire. Ce sera très bien, et nullement préparé.

Voilà comment, malgré moi, et sans m'en apercevoir, j'ai fait, pour la première et probablement pour la dernière fois de ma vie, la préface d'un livre que je n'ai pas lu, par la bonne raison que je n'y eusse compris goutte.

Pierre GIFFARD.

# LE
# CONCOURS DE MOTEURS

DE LA

# " LOCOMOTION AUTOMOBILE "

*Octobre 1899 à Janvier 1900*

On a beaucoup parlé cette année du concours de moteurs à pétrole pour automobiles organisé par le journal *la Locomotion automobile*. Il peut donc être utile de faire connaître les origines de ce concours, la façon dont les essais ont été conduits et les résultats qu'ils ont donnés.

L'idée première de cette curieuse épreuve appartient à notre confrère M. Hospitalier qui écrivait le 11 mars 1899 :

« Au moment où le moteur à essence de pétrole est étudié de divers côtés en vue de son application à l'automobile, alors que sa théorie est encore incomplète, que nombre de constructeurs établissent leurs types par sentiment et en indiquent la puissance avec un « coup de pouce » qui frise souvent l'indiscrétion, il n'est pas sans intérêt de résumer ici, en quelques chiffres concrets, les résultats acquis, en attendant que l'Automobile Club de France prenne l'initiative d'un concours de moteurs qui permettra de préciser ces conditions et de faire justice de certaines exagérations... commerciales dont l'acheteur est la victime toute désignée. »

L'Automobile-Club fit la sourde oreille et les choses en restèrent là pour le moment.

Le 27 juin 1899, M. Géorgia Knap, constructeur à Troyes et auteur d'un livre intéressant sur la construction des moteurs à pétrole, m'écrivait la lettre suivante :

« Il y a un projet très hardi dont vous devriez vous faire le promoteur. Je veux parler du freinage de tous les moteurs. Ouvrir les colonnes de la *Locomotion automobile* à tous les constructeurs « désireux » de publier intégralement, après essais sérieux, la force réelle de leurs moteurs. Il est tout naturel qu'il y aura beaucoup d'appelés mais peu de consentants. Alors il y aurait le grand moyen : inviter les chauffeurs possesseurs de voitures à amener leur véhicule et effectuer, avec leur consentement, l'opération du freinage, puis publier intégralement les essais exécutés par une commission spéciale pour laquelle je vous donne mon concours d'avance. Il est possible que cette manière d'agir soulève les critiques de quelques-uns, mais avec quel intérêt ne lira-t-on pas les résultats publiés chaque semaine sur les quelques moteurs freinés, et quelles surprises surgiront de ces essais.

« Je vous donne cette idée à titre de chose intéressante pour tout le monde. Pour ma part, je connais la force réelle de presque tous les moteurs, puisque je les ai minutieusement freinés. Mais si j'eusse dans mon livre, dressé le tableau que je me proposais d'y faire figurer, l'on n'eût pas manqué de crier à la charge, tandis que ces freinages exécutés devant les personnes les plus compétentes, soit constructeurs, soit ingénieurs, devront être pris à la lettre et acceptés comme de bonne foi.

« Il faut naturellement réglementer la dénomination de la force en chevaux des moteurs. La conscience et le bon sens l'exigent. En prenant l'initiative d'une telle réforme, vous vous acquerrez la sympathie de tous ceux qu'intéresse le nouveau mode de locomotion. »

Émanant d'un constructeur, cette idée me parut des plus intéressantes et j'en parlai à M. Pierre Giffard, direcleur du *Vélo*, et à MM. Desjacques et Vuillemot, directeurs de la *Locomotion automobile*. Les deux journaux lancèrent l'épreuve et le succès fut immédiat.

Les appuis nous vinrent en foule. MM. Malicet et Blin,

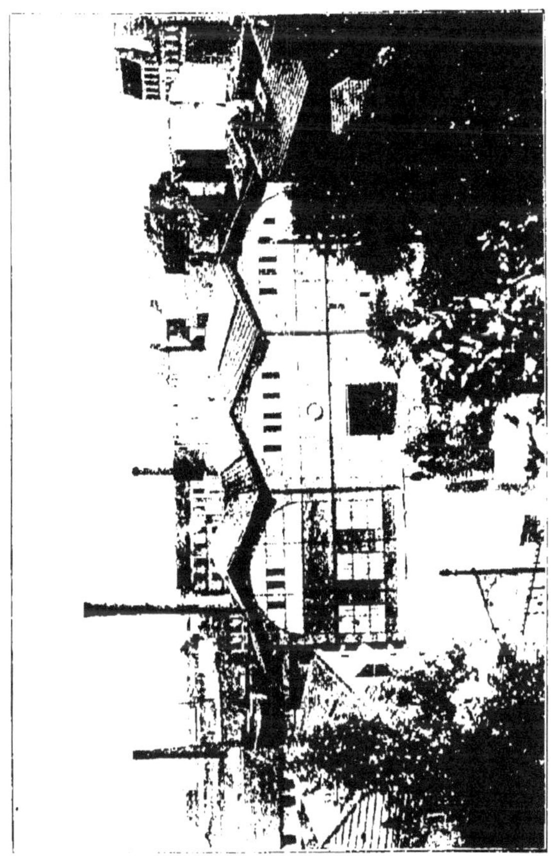

Fig. 1. — L'usine de MM. Malicet et Blin.

les grands constructeurs d'Aubervilliers, adressèrent une lettre au *Vélo* pour mettre gratuitement à notre disposition leurs ateliers et leur personnel, en se chargeant de faire à leurs frais l'installation de tous les appareils spéciaux nécessaires pour l'essai de la puissance des moteurs et de la puissance des voitures aux jantes des roues. MM. Fenaille et Despaux s'engagèrent à nous fournir, gratuitement, autant d'essence que nous pourrions en user pour le concours, et ce n'était pas un mince cadeau. Le Conservatoire des arts et métiers, MM. Richard frères, Schœffer et Budenberg, et Darras, nous offrirent également à titre gracieux les dynamomètres enregistreurs et les appareils de mesure les plus perfectionnés. Tout le monde rivalisa de bonne volonté.

On nomma alors une commission d'initiative composée de la façon suivante :

MM. Amiot, ingénieur ; Augé, ingénieur ; Blin, constructeur ; Carlo Bourlet, docteur ès sciences, membre du Comité technique du T. C. F. ; Brachet, ingénieur ; Chauveau, ingénieur ; Cohendet, constructeur ; Rodolphe Darzens, du *Journal* ; Deschamps, ingénieur ; G. F. Desjacques, directeur rédacteur en chef de la *Locomotion automobile* ; Drouin ; Pierre Giffard ; Hommen, ingénieur ; Hospitalier, professeur à l'École de physique et chimie de la Ville de Paris ; Joubert, ingénieur ; Georgia Knap, ingénieur ; Gaëtan de Knyff ; Pierre Laffitte ; de Lafrete ; comte Henri de La Valette, secrétaire technique de l'Automobile Club de France ; de Leyma, ingénieur ; J. Loubat, ingénieur ; de Lucenski ; Malicet, constructeur ; Max de Nansouty ; H. de Parville ; L. Périsse, ingénieur ; Ringelmann, chef du laboratoire d'essai du ministère de l'Agriculture ; Romain ; Paul Rousseau ; P. Sarrey, ingénieur ; Gaston Sencier, ingénieur des Arts et Manufactures ; René Varennes, ingénieur ; Raoul Vuillemot, directeur-administrateur de la *Locomotion automobile* ; Aimé Witz, docteur ès sciences, professeur à la Faculté libre des sciences de Lille ; baron de Zuylen, président de l'Automobile-Club de France.

Le bureau fut composé de MM. le baron de Zuylen, président de l'Automobile-Club de France, président d'honneur ; Hospitalier et le comte de La Valette, présidents ; Carlo Bourlet, vice-président, et Georgia Knap, secrétaire.

Enfin on nomma deux commissions, la commission A et la commission B, chargées plus spécialement, l'une des essais de moteurs au frein, l'autre des essais de puissance des voitures à la jante.

La commission A, — moteurs, — fut composée de MM. Brachet, Deschamps, Joubert, L. Périssé, Gaston Sencier, Aimé Witz.

Les membres de la commission B, — voitures, — furent MM. Amiot, Augé, Gustave Chauveau, G. Desjacques, Joubert et Gaston Sencier.

Tout étant ainsi disposé, il ne restait plus qu'à recueillir des engagements de concurrents. Les organisateurs agissant dans un but absolument désintéressé et n'exigeant aucun droit d'entrée, ce fut chose facile, grâce à la publicité du *Vélo* et des journaux quotidiens. Il y eut soixante quatorze engagements comprenant quarante-trois marques différentes, dont trente-quatre engagées directement par leurs constructeurs.

Les essais purent commencer dans le courant du mois d'octobre 1899. Ils durèrent quatre mois et l'on dut, pour ne pas les prolonger indéfiniment, renoncer à l'examen d'une partie des moteurs et des voitures engagés. D'autre part, certains moteurs présentés ayant donné des résultats moins bons que ceux qu'attendaient leurs constructeurs, ceux-ci ont demandé que ces résultats ne fussent pas publiés. Le concours étant institué pour servir l'intérêt général et nullement pour léser des intérêts particuliers, il n'y avait aucune raison pour ne pas accéder à ce désir.

# ESSAIS DE MOTEURS

Le freinage des moteurs se faisait au moyen du dynamomètre enregistreur de Richard et du frein à corde. La figure
ci-contre, que nous devons, comme les suivantes, à l'obli-
geance de la *Locomotion automobile*, représente cette opération. On sait en quoi consiste le frein à corde. Une corde
passe sur le volant du moteur ou sur une poulie spéciale.
Ses deux extrémités pendent verticalement. A l'une est fixé
un poids P que le mouvement du moteur tend à soulever
et que l'on choisit assez grand pour que le moteur ne
puisse l'enlever. L'autre extrémité tire sur un dynamomètre. Quand le moteur est au repos, le poids P exerce sur
le dynamomètre une traction égale à P. Dès que le moteur commence à tourner, on constate que le dynamomètre
n'est plus soumis qu'à une traction $p$, inférieure à P. La
différence $P - p$ donne le poids réel porté par le moteur.
L'essai est bon si la traction reste sensiblement constante
pendant toute la durée de l'expérience.

Si, dès lors, on connaît le nombre de tours par minute de
la poulie et le diamètre de cette poulie, il est facile d'en
déduire le nombre de kilogrammètres que le moteur fournit
par minute. Le nombre de tours est mesuré au moyen de
compte-tours très précis donnant le cinquième de seconde.

Le rayon de la poulie de freinage, augmenté du rayon de la
corde employée, donne le déplacement linéaire par tour de
poulie

En multipliant ce nombre par le nombre $n$ de tours par

Fig. 2. — Un coin de l'atelier d'essai. Le freinage des moteurs isolés.

minute et par $P - p$ exprimé en kilogrammes, on obtient :

$$T = (R + r)\, n\, (P - p),$$

nombre de kilogrammètres, par minute, et en divisant par 60 on a le nombre de kilogrammètres par seconde.

En faisant varier le poids P, ce qui entraîne naturellement une variation de $p$, on peut faire l'essai sous des charges différentes qui correspondent à des vitesses différentes du

Fig. 2. — Un essai de moteur au frein à corde.

moteur. On connaît ainsi le travail accompli par le moteur à diverses vitesses de rotation.

Le frein à corde ainsi employé donne des résultats plus exacts que le frein de Prony.

Le graissage se fait à la plombagine et, au besoin, un refroidissement est effectué par de l'eau circulant dans la poulie de frein.

Le dynamomètre enregistreur employé se compose de deux parties : le dynamomètre proprement dit et un appareil enregistreur.

Le dynamomètre consiste en un étrier portant une cuvette
fermée par une membrane
en caoutchouc et remplie
d'eau. Sur cette membrane
s'applique un piston fixé sur
un second étrier et guidé par
une couronne. La traction
ayant pour effet de rappro-
cher les deux surfaces, il en
résulte une pression. On
connaît la surface du piston
sur laquelle cette pression
s'opère. Le manomètre en-
registreur donne la même
pression par centimètre car-
ré et l'enregistre pendant
une minute. On a ainsi un
graphique qui permet d'éviter toute erreur d'observation, étant donné que rien

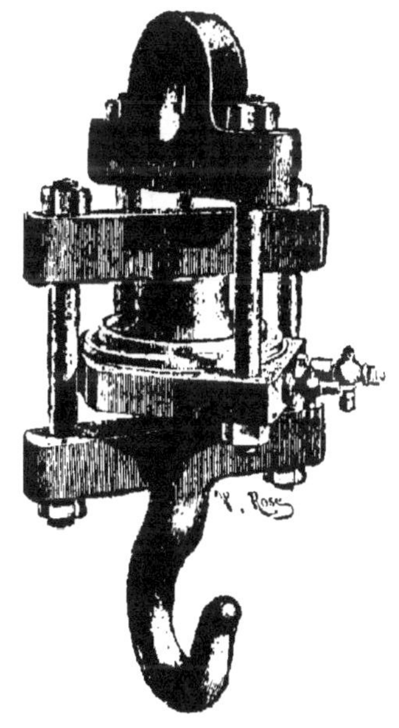

Fig. 4. — Le dynamomètre.

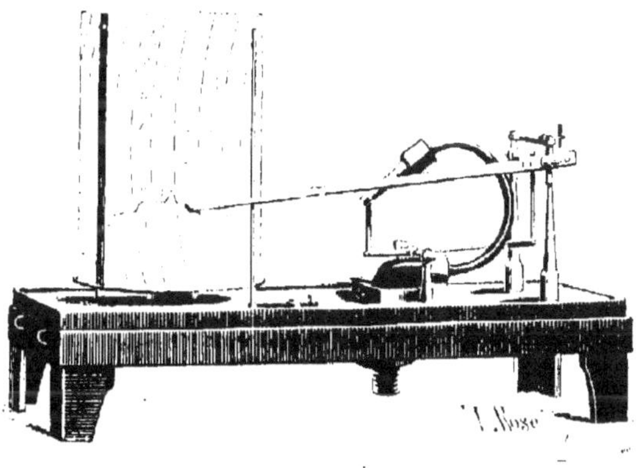

Fig. 5. — Le manomètre enregistreur.

n'est plus facile que de tarer l'appareil, au moyen de poids
connus, avant chaque expérience.

On peut, avec ces dynamomètres enregistreurs, apprécier

facilement la traction dynamométrique à 0.01 p. 100 près
Ces essais de moteurs paraissent très simples en théo

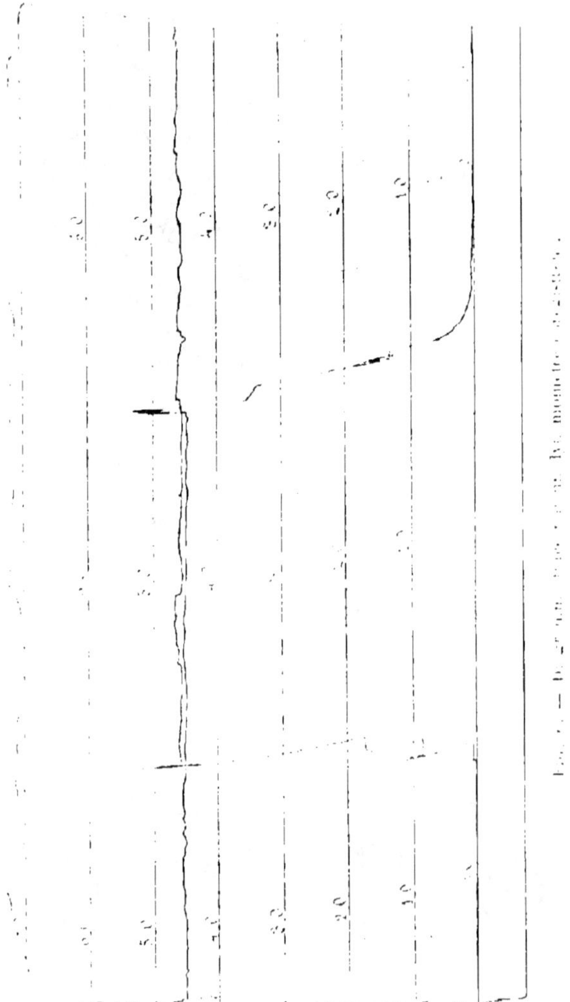

rie. Ils le sont beaucoup moins dans la pratique. Le moteur est
fixe sur un solide bâti formé de gros madriers reposant sur
des poteaux maçonnés dans le sol et consolidés par d'autres

poutres scellées dans le mur. Les opérateurs ont à leur disposition des carburateurs de différents systèmes. Les essais se font avec l'essence spéciale pour automobiles comme sous le nom de benzo moteur. Il faut vérifier, dans chaque cas, le bon état et la bonne marche du moteur et du carburateur. C'est parfois délicat et c'est toujours long. De plus, les moteurs sont de types très différents et de formes très diverses, d'où des difficultés pour les fixer au banc d'essai. Les uns sont à circulation d'eau et cette circulation d'eau demande une installation spéciale. Il y a des cas où la préparation d'un essai de moteurs exige deux ou trois jours. On voit que les expérimentateurs, à la tête desquels il faut citer MM. G. Desjacques et Georgia Knap, ont assumé une lourde tâche et on doit leur en être reconnaissant.

D'autres difficultés se produisent quand le moteur à essayer est fixé sur une voiture. On ne peut, en pareil cas, songer à tout démonter et on est forcé d'essayer le moteur sur la voiture même, en le séparant seulement de ses transmissions. C'est plus ou moins difficile, mais possible pour un certain nombre de types de voitures. C'était pratiquement impossible dans beaucoup de cas, étant donné le désir qu'avaient les expérimentateurs de ne faire subir aucune modification aux moteurs des voitures qu'on leur confiait et le peu de temps pendant lequel la plupart des propriétaires pouvaient laisser leurs automobiles dans l'atelier d'essais.

# ESSAIS DE VOITURES

Le seul essai que l'on ait fait, dans les expériences du concours sur les voitures, est, en dehors de l'essai de la puissance des moteurs, l'essai de la puissance des voitures aux jantes de leurs roues motrices.

Cet essai se fait, comme le montre notre figure, en immobilisant les roues d'avant de la voiture dans des caisses en bois remplies de sable. La voiture est, de plus, solidement attachée par l'arrière et, au besoin, calée sur les côtés. Les roues motrices, qui sont généralement les roues d'arrière, sont posées sur deux rouleaux de bois montés sur un solide arbre en métal. Une installation de paliers très soignée réduit au minimum les frottements propres de l'appareil. On mesure au frein la puissance disponible sur le rouleau.

L'arbre métallique a 60 millimètres de diamètre. Le volant du frein a 955 millimètres de diamètre. Le poids total de l'arbre, des deux tambours et du volant est de 475 kilogrammes.

Il était nécessaire, pour avoir des résultats exacts, de déterminer le travail absorbé par les rouleaux dans leurs paliers. Cette détermination a été faite par MM. C. Bourlet et G. Desjacques de la façon suivante:

Pour mesurer le frottement on débarrasse le volant du frein de Prony et on enroule sur lui une mince cordelette faisant six ou sept tours, attachée par l'une de ses extrémités au volant et portant à son extrémité libre un poids connu P. Ce poids était de 20 kilogrammes dans les expériences qui ont été faites.

On maintient le poids P à une certaine hauteur $h$ du sol en le soutenant par une petite corde supplémentaire fixée au bâti. À un signal donné on coupe cette petite corde. Le poids

Fig. 7. — Essai de la puissance d'une voiture aux jantes.

P tombe de la hauteur $h$ en entraînant avec lui le volant. Lorsqu'il est arrêté au bas de sa chute, le système formé par le volant, l'arbre et les tambours, continue à tourner, en vertu de la vitesse acquise, en déroulant la cordelette enroulée sur le volant, puis s'arrête. On compte le nombre $n$ de tours et

de fractions de tours effectués par le volant pendant la durée
de l'expérience. On mesure au chronomètre le temps de chute
du poids et le temps total de l'expérience, depuis la mise en
marche du poids jusqu'à l'arrêt du volant. Par différence on
a le temps $t$ pendant lequel le système a tourné à vide en
vertu de la vitesse acquise.

Ceci posé, voici comment on interprète les résultats :

Le poids P a effectué un travail $Ph$ qui est égal à la somme
de la demi-force vive acquise par lui dans la chute et détruite
par le choc sur le sol et du travail perdu dans les frottements.

Si donc $v$ est la vitesse du poids au moment où il touche
le sol et T le travail perdu dans les frottements par tour complet du système, on a :

$$Ph = \frac{1}{2}\frac{Pv^2}{9,8} + Tn,$$

d'où l'on tire :

$$T = \frac{1}{n}\left[Ph - \frac{Pv^2}{19,6}\right] \qquad (1)$$

Dans cette formule tout est connu sauf $v$. Or $v$ peut être
calculé de la façon suivante : on sait que, lorsqu'un corps est
animé d'un mouvement uniformément accéléré, la vitesse
qu'il acquiert au bout d'un certain temps en partant du repos
est le double de la vitesse moyenne. On peut alors calculer $v$
de deux manières :

1° En calculant directement la vitesse moyenne du poids P
dans sa chute ;

2° En calculant la vitesse moyenne linéaire d'un point de
la circonférence du volant quand ce volant tourne à vide, car
cette vitesse linéaire est égale à $v$ au moment où le poids
touche le sol et décroît jusqu'à zéro.

Le premier procédé est moins précis que le second, car la
chute du poids ne dure que pendant une seconde, et, les temps
ne pouvant être mesurés qu'au cinquième de seconde, l'erreur
peut être relativement considérable. Au contraire, le second
procédé est meilleur parce que le temps pendant lequel le
volant tourne tout seul est assez long, — 9 secondes en
moyenne, — et que, par suite, l'erreur d'observation est con-
sidérablement réduite.

Soit D le diamètre du volant et $t$ le temps pendant lequel ce volant a tourné tout seul, $n$ étant le nombre de tours, on a :

$$c = 2 \frac{\pi D n - h}{t}. \qquad (2)$$

Il faut trois opérateurs pour effectuer l'expérience. Le poids P étant suspendu et prêt à partir, on mesure $h$. À un signal donné, le premier opérateur coupe la petite corde qui maintient le poids immobile et mesure le temps total de l'expérience. Un second mesure la durée de la chute du poids. La différence donne $t$. Un troisième compte le nombre $n$ de tours et de fractions de tours.

Les données fixes étaient, dans les expériences d'Aubervilliers :

$$P = 20^k ; \ \pi D = 2^m,98 ; \ \frac{P}{19,6} = 1,02.$$

Les formules (1) et (2) donnaient donc :

$$T = \frac{20h - 1,02 c^2}{n} \qquad (1)$$

$$c = \frac{5n - 2h}{t} \qquad (2)$$

On calcule d'abord $c$ par la formule (2), puis T par la formule (1).

Voici le tableau des résultats relatifs à ces trois expériences :

| MESURES | | | CALCULS | | | |
|---|---|---|---|---|---|---|
| $h$ | $t$ | $n$ | $c$ | $1,02\,c^2$ | $nT$ | T |
| 1m,27 | 9,0 | 1,25 | 2,5 | 6,6 | 18,8 | 4,1 |
| 1m,14 | 8,8 | 4,1 | 2,5 | 5,5 | 16,3 | 4,0 |
| 1m,37 | 9,2 | 1,5 | 2,6 | 7,0 | 20,1 | 4,5 |

La moyenne des trois expériences donne donc pour T :

$$T = 4^{k\,m},3.$$

La perte de frottement du système tournant sous son propre poids de 175 kilogrammes est donc de $4^{k\,m},3$ par tour.

Le travail perdu dans le frottement étant sensiblement proportionnel à la charge, le travail $\tau$ perdu par tour sous une charge Q sera donc:

$$\tau = \frac{4,3}{175}\,Q$$

ou

$$\tau = 0,024\,Q$$

en kilogrammètres, Q étant exprimé en kilogrammes.

Cette perte de travail est relativement faible. Cela tient à la perfection avec laquelle MM. Malicet et Blin ont exécuté toute la partie mécanique de l'appareil d'essai. Les dessins de cette installation ont été faits par M. Joubert, ingénieur, membre de la commission. MM. Malicet et Blin se feront, du reste, un plaisir de renseigner, d'une façon complète, les constructeurs d'automobiles qui voudraient établir, pour leur propre usage, des appareils de ce genre. Il en est un certain nombre qui s'en préoccupent en ce moment. Cela leur permettra d'essayer leurs voitures à l'atelier avant de les livrer aux clients.

# RÉSULTATS D'ESSAIS DE MOTEURS

---

Les essais ont été généralement répétés sept ou huit fois pour chaque moteur.

Les moteurs sont essayés sans leur pot d'échappement, appelé le silencieux quoique ce nom ne soit pas toujours mérité. Dans certains cas, l'expérience a été faite successivement avec et sans silencieux. Ces particularités sont spécifiées pour chaque essai. En cas d'absence d'indication, l'essai est fait sans silencieux.

Moteur de Dion-Bouton, engagé par M. Deckert, 79, Boulevard Haussmann, Paris. Moteur n° 11006. — Moteur à un cylindre vertical, refroidissement par ailettes, allumage électrique. Les freinages ont été effectués sur une poulie calée sur l'arbre moteur, chaque essai étant fait après trois à cinq minutes de marche en charge.

Essence benzo-moteur 680.

### Données du moteur

| | |
|---|---:|
| Alésage du cylindre en millimètres . . . . . . . . | 70 |
| Course du piston en millimètres. . . . . . . . . . | 70 |
| Surface du piston en centimètres carrés. . . . . . | 38,3 |
| Volume de la cylindrée en centimètres cubes . . | 269,6 |
| Diamètre de la soupape d'échappement en millimètres. . . . . . . . . . . . . . . . . . . . . . . . . | 30 |
| Diamètre utile de cette soupape en millimètres | 25 |

Diamètre de la soupape d'admission en millimètres. . . . . . . . . . . . . . . . . . . . . . . . . . . . 30

Diamètre utile de cette soupape en millimètres. 25

Diamètre intérieur du tube d'arrivée du mélange en millimètres. . . . . . . . . . . . . . . . . . . . . 17

### *Données des essais*

Diamètre de la poulie de freinage en millimètres. 195
Diamètre de la corde du frein en millimètres . . 10
Développement par tour en mètres . . . . . . . . . . 0,644

P représente le poids en kilogrammes accroché à l'un des bouts de la corde. $p$ représente la traction moyenne en kilogrammes sur le dynamomètre, $P - p$ est le poids réel soulevé, $n$ est le nombre de tours en une minute.

*Premier essai*, avec carburateur à barbotage :

$$P = 12 \qquad\qquad p = 5,5$$
$$P - p = 6,5 \qquad\qquad n = 1.173$$

Travail développé en une minute : 6.166 kilogrammètres.
Puissance en kilogrammètres par seconde : 103 ; soit en poncelets 1,03 ou en chevaux-vapeur 1.37.

*Deuxième essai*, même carburateur à barbotage :

$$P = 13 \qquad\qquad p = 7$$
$$P - p = 6 \qquad\qquad n = 1.510$$

Travail développé en une minute : 5.835 kilogrammètres.
Puissance en kilogrammètres par seconde : 97 ; soit en poncelets 0.97 (ou en chevaux-vapeur 1.31).

*Troisième essai*, même carburateur à barbotage :

$$P = 10 \qquad\qquad p = 4,5$$
$$P - p = 5,5 \qquad\qquad n = 1.673$$

Travail développé en une minute : 5.926 kilogrammètres.
Puissance en kilogrammètres par seconde : 99 ; soit en poncelets 0.9 (ou en chevaux-vapeur 1.32).

*Quatrième essai*, avec un carburateur pulvérisateur :

$$P = 12 \qquad p = 5{,}5$$
$$P - p = 6{,}5 \qquad n = 2.057$$

Travail développé en une minute : 8.611 kilogrammètres.

Puissance en kilogrammètres par seconde : 143 ; soit en poncelets 1,43 (ou en chevaux vapeur 1,91).

*Cinquième essai*, avec le même carburateur pulvérisateur :

$$P = 13 \qquad p = 5{,}5$$
$$P - p = 7{,}5 \qquad n = 2.015$$

Travail développé en une minute : 9.732 kilogrammètres.

Puissance en kilogrammètres par seconde : 162 ; soit en poncelets 1,62 (ou en chevaux vapeur 2,16).

*Sixième essai*, avec le même carburateur pulvérisateur :

$$P = 11 \qquad p = 4{,}5$$
$$P - p = 6{,}5 \qquad n = 2.143$$

Travail développé en une minute : 8.964 kilogrammètres.

Puissance en kilogrammètres par seconde : 149 ; soit en poncelets 1,42 (ou en chevaux vapeur 2).

*Septième essai*, avec le même carburateur pulvérisateur :

$$P = 12 \qquad p = 5{,}5$$
$$P - p = 6{,}5 \qquad n = 2.044$$

Travail développé en une minute : 8.556 kilogrammètres.

Puissance en kilogrammètres par seconde : 143 ; soit en poncelets 1,43 (ou en chevaux vapeur 1,9).

*Huitième essai*, avec le carburateur à barbotage des trois premiers essais :

$$P = 12 \qquad p = 5$$
$$P - p = 7 \qquad n = 1.444$$

Travail développé en une minute : 6.510 kilogrammètres.

Puissance en kilogrammètres par seconde : 108 ; soit en poncelets 1,08 (ou en chevaux vapeur 1,44).

*Résultats du meilleur essai* : 162 kilogrammètres par seconde ou en poncelets 1,62 ou en chevaux-vapeur 2,16.

On remarquera que, dans les résultats d'expériences ci-dessus, l'emploi du carburateur à pulvérisation a donné de bien meilleurs résultats que celui du carburateur à barbotage. Cela tient à ce que le carburateur à barbotage employé était celui des tricycles de Dion, type courant, et que ce carburateur est trop faible pour cette force de moteur. Ses tubulures et sa surface d'évaporation sont trop restreintes. Par contre, avec le carburateur à pulvérisation, la combustion du mélange explosif a été moins complète que dans le cas du carburateur à barbotage.

Moteur « La Minerve », engagé par la Société « La Minerve », 30, rue du Point du-Jour, à Billancourt, Seine. — Moteur à un cylindre vertical, à allumage électrique ; refroidissement par ailettes venues de fonte et par circulation d'air à l'intérieur, le carter hermétiquement clos étant en communication avec l'air extérieur par l'intermédiaire d'une cheminée verticale solidaire du piston. Les volants sont dans le carter, les freinages ont été faits sur une poulie creuse calée sur l'arbre moteur. Le carburateur joint au moteur est un carburateur à barbotage à larges orifices. Les trois premiers essais ont été effectués avec ce carburateur, et les deux derniers avec un carburateur à pulvérisation. Essence benzo-moteur à 680. Moteur neuf, n° 1.

### Données du moteur

| | |
|---|---|
| Alésage du cylindre en millimètres............ | 85 |
| Diamètre de la cheminée en millimètres........ | 34 |
| Course du piston en millimètres... ........... | 80 |
| Surface utile du piston en centimètres carrés... | 47,6 |
| Volume de la cylindrée en centimètres cubes... | 381 |
| Diamètre de la soupape d'admission en millimètres | 35 |
| Diamètre utile de cette soupape en millimètres.. | 28 |
| Diamètre de la soupape d'échappement en millimètres......................................... | 35 |
| Diamètre utile de cette soupape en millimètres.. | 28 |

### Données des essais

| | |
|---|---|
| Diamètre de la poulie de freinage en millimètres | 251 |

Diamètre de la corde du frein en millimètres....    10
Développement par tour, en mètres............    0.82

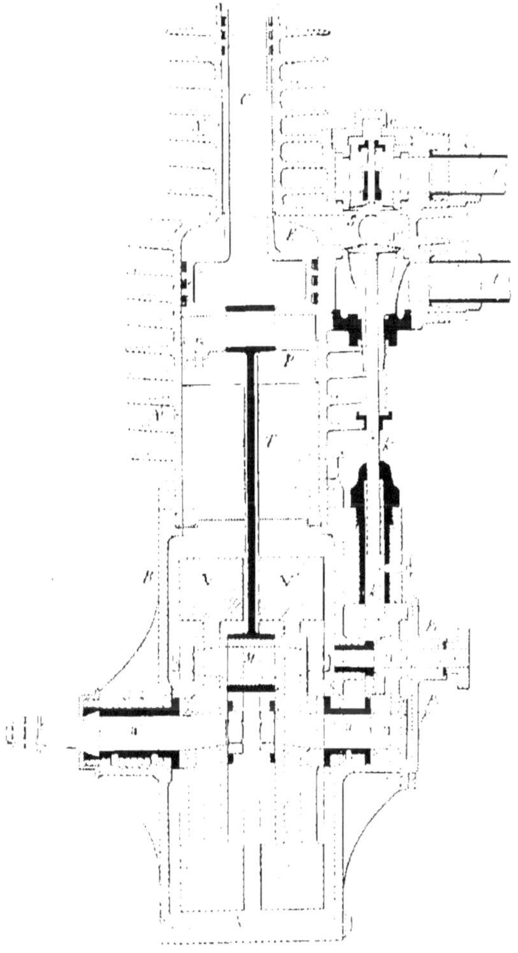

Fig. 8. — Coupe verticale suivant l'axe du moteur « la Minerve ».

P représente le poids accroché à l'un des bouts de la corde,
$p$ représente la traction moyenne sur le dynamomètre, P — $p$
est le poids réel soulevé, $n$ est le nombre de tours en une minute.

*Premier essai*, après vingt minutes de marche en charge :

$$P = 13,5 \qquad p = 8$$
$$P - p = 5,5 \qquad n = 1,672$$

Travail développé en une minute : 7.540 kilogrammètres.

Puissance en kilogrammètres par seconde : 126; soit en poncelets 1.26 (ou en chevaux vapeur 1,67).

*Deuxième essai*, après soixante minutes de marche en charge :

$$P = 15 \qquad p = 9$$
$$P - p = 6 \qquad n = 1.610$$

Travail développé en une minute : 7.921 kilogrammètres.

Puissance en kilogrammètres par seconde : 132; soit en poncelets 1,32 (ou en chevaux-vapeur 1,76).

*Troisième essai*, après vingt minutes de marche en charge :

$$P = 18 \qquad p = 11,5$$
$$P - p = 6,5 \qquad n = 1.392$$

Travail développé en une minute : 7.419 kilogrammètres.

Puissance en kilogrammètres par seconde : 124 ; soit en poncelets 1,24 (ou en chevaux vapeur 1,64).

*Quatrième essai*, après dix minutes de marche en charge :

$$P = 18 \qquad p = 11,5$$
$$P - p = 6,5 \qquad n = 1.342$$

Travail développé en une minute : 7.152 kilogrammètres.

Puissance en kilogrammètres par seconde : 119; soit en poncelets 1,19 (ou en chevaux vapeur 1,59).

*Cinquième essai* après cinq minutes de marche en charge :

$$P = 18 \qquad p = 11,5$$
$$P - p = 6,5 \qquad n = 1.336$$

Travail développé en une minute : 7.100 kilogrammètres.

Puissance en kilogrammètres par seconde : 118 ; soit en poncelets 1,18 (ou en chevaux vapeur 1,58).

*Résultats du meilleur essai* : 132 kilogrammètres par seconde ou en poncelets 1,32 ou en chevaux-vapeur 1 3 4.

On remarquera que dans le cas du moteur « la Minerve »

les essais avec le carburateur à barbotage ont donné sensiblement les mêmes résultats que ceux avec le carburateur à pulvérisation.

MOTEUR HURTU. Moteur actionnant une voiture Hurtu engagée par la Compagnie des automobiles et cycles Hurtu, 54, rue Saint-Maur, Paris. — Moteur à un cylindre horizontal, à allumage électrique, refroidissement par circulation d'eau. Le carburateur est un carburateur à barbotage. Le freinage a été fait sur la poulie de grande vitesse.

### *Données du moteur*

Alésage du cylindre en millimètres. . . . . . . . . . 125
Course du piston en millimètres. . . . . . . . . . . 140
Surface du piston en centimètres carrés. . . . . . 122.6
Volume de la cylindrée en centimètres cubes . . .1.716
Diamètre de la soupape d'admission en millimètres. . . . . . . . . . . . . . . . . . . . . . . . . . . . 45
Diamètre utile de cette soupape en millimètres .    40
Diamètre de la soupape d'échappement en millimètres. . . . . . . . . . . . . . . . . . . . . . . . . . . . . 45
Diamètre utile de cette soupape . . . . . . . . . . .    40

### *Données des essais*

Diamètre de la poulie du freinage en millimètres.  280
Diamètre de la corde du frein en millimètres. . .    10
Développement par tour en mètres . . . . . . . . . . 0,91
P représente le poids accroché à l'un des bouts de la corde, $p$ représente la traction moyenne sur le dynamomètre. P — $p$ est le poids réel soulevé, $n$ est le nombre de tours en une minute. P et $p$ sont exprimés en kilogrammes.

*Premier essai :*

$$P = 30 \qquad\qquad p = 11$$
$$P - p = 19 \qquad\qquad n = 1.096$$

Travail développé en quatre minutes : 18.949 kilogrammètres

Puissance en kilogrammètres par seconde : 316 ; soit en poncelets 3.16 ou en chevaux-vapeur 4.2.

*Deuxième essai :*

$$P = 25 \qquad p = 5$$
$$P - p = 20 \qquad n = 1.042$$

Travail développé en une minute : 18.964 kilogrammètres.

Puissance en kilogrammètres par seconde : 316 ; soit en poncelets 3.16 (ou en chevaux vapeur 4.2).

*Troisième essai :*

$$P = 30 \qquad p = 8,5$$
$$P - p = 21,5 \qquad n = 1.072$$

Travail développé en une minute : 20.973 kilogrammètres.

Puissance en kilogrammètres par seconde : 349 ; soit en poncelets 3,49 (ou en chevaux-vapeur 4,65).

*Résultats du meilleur essai :* 349 kilogrammètres par seconde ou en poncelets 3.49 ou en chevaux-vapeur 4 2 2.

MOTEUR DECKERT, provenant d'un moteur de Dion Bouton modifié par M. Deckert, 79, boulevard Haussmann, Paris. — Un cylindre vertical, allumage électrique, refroidissement par ailettes. Les modifications portent sur l'alésage du cylindre, le diamètre des soupapes et la course.

Essais faits avec un carburateur pulvérisateur, chacun d'eux après quatre a cinq minutes de marche en charge, sur une poulie calée sur l'arbre moteur.

Essence benzo-moteur 680.

### Données du moteur

| | |
|---|---|
| Alésage du cylindre en millimètres | 76 |
| Course du piston en millimètres | 85 |
| Surface du piston en centimètres carrés | 45,4 |
| Volume de la cylindrée en centimètres cubes | 385,6 |
| Diamètre de la soupape d'échappement en millimètres | 34 |
| Diamètre utile de cette soupape en millimètres | 27 |
| Diamètre de la soupape d'aspiration en millimètres | 34 |
| Diamètre utile de cette soupape en millimètres | 27 |

*Données des essais*

Diamètre de la poulie de freinage en millimètres.   195
Diamètre de la corde du frein en millimètres....   10
Développement par tour en mètres.............   0,644

P représente le poids en kilogrammes accroché à l'un des bouts de la corde, $p$ représente la traction moyenne en kilogrammes sur le dynamomètre, P — $p$ est le poids réel soulevé, $n$ est le nombre de tours en une minute.

*Premier essai :*

$$P = 15 \qquad\qquad p = 7$$
$$P - p = 8 \qquad\qquad n = 1.760$$

Travail développé en une minute : 9.067 kilogrammètres.
Puissance en kilogrammètres par seconde : 151 ; soit en poncelets 1,51 (ou en chevaux vapeur 2).

*Deuxième essai :*

$$P = 20 \qquad\qquad p = 12$$
$$P - p = 8 \qquad\qquad n = 1.765$$

Travail développé en une minute : 9.093 kilogrammètres.
Puissance en kilogrammètres par seconde : 152 ; soit en poncelets 1,52 (ou en chevaux vapeur 2).

*Troisième essai :*

$$P = 18 \qquad\qquad p = 10$$
$$P - p = 8 \qquad\qquad n = 1.752$$

Travail développé en une minute : 9.026 kilogrammètres.
Puissance en kilogrammètres par seconde : 150 ; soit en poncelets 1,5 (ou en chevaux-vapeur 2).

*Quatrième essai :*

$$P = 20 \qquad\qquad p = 9,5$$
$$P - p = 10,5 \qquad\qquad n = 1.534$$

Travail développé en une minute : 9.879 kilogrammètres.
Puissance en kilogrammètres par seconde : 173 ; soit en poncelets 1,73 (ou en chevaux-vapeur 2 1/3).

*Résultats du meilleur essai* : 173 kilogrammètres par seconde, ou en poncelets 1,73 ; ou en chevaux-vapeur 2 1/3.

Moteur Amiot-Péneau. — Moteur Amiot Péneau, licence du moteur Cyclope de Daniel Augé; engagé par MM. Amiot et Péneau, 27, rue d'Anjou, Paris. Ce moteur actionne un avant-train moteur du système Amiot Péneau, appliqué à un omnibus de famille.

Moteur à deux cylindres verticaux, refroidissement par circulation d'eau. Il est muni de l'allumage électrique et de l'allumage par tube incandescent, ce dernier présentant le dispositif spécial des moteurs Cyclope, dans lequel un seul brûleur chauffe les deux tubes. Les essais ci-dessous ont été faits avec l'allumage électrique seulement. D'autres essais seront, si possible, faits ultérieurement avec l'allumage par tubes incandescents et même avec les deux systèmes d'allumage fonctionnant simultanément.

Le carburateur est un carburateur « Cyclope », construction Daniel Augé, les essais ont été faits avec pot d'échappement. La poulie sur laquelle les freinages ont été effectués est la saillie du volant dans laquelle est placé le cone d'embrayage.

### Données du moteur

| | |
|---|---|
| Alésage de chaque cylindre en millimètres...... | 100 |
| Course des pistons en millimètres......... ..... | 160 |
| Surface utile de chaque piston en centimètres carrés.................................... | 78,5 |
| Volume de chaque cylindrée en centimètres cubes..........................................1 | 256 |
| Diamètre des soupapes d'aspiration en millimètres | 35 |
| Diamètre utile de ces soupapes en millimètres... | 33 |
| Diamètre des soupapes d'échappement en millimètres........................................ | 36 |
| Diamètre utile de ces soupapes en millimètres. . | 32 |

### Données des essais

| | |
|---|---|
| Diamètre de la poulie de freinage en millimètres | 228 |
| Épaisseur de la courroie de freinage en millimètres | 4 |
| Développement par tour en mètres............ .... | 0,729 |

P représente la traction dynamométrique en kilogrammes et $p$ est le poids accroché à l'autre bout de la corde, le frein tirant directement sur le dynamomètre. P — $p$ est le poids réel soulevé. $n$ est le nombre de tours en une minute.

Essais avec pot d'échappement.

*Premier essai :*

$$P = 80 \qquad p = 25$$
$$P - p = 55 \qquad n = 780$$

Travail développé en une minute : 31.274 kilogrammètres.

Puissance en kilogrammètres par seconde : 521 ; soit en poncelets 5,21 ou en chevaux-vapeur 7).

*Deuxième essai :*

$$P = 85 \qquad p = 25$$
$$P - p = 60 \qquad n = 752$$

Travail développé en une minute : 32.892 kilogrammètres.

Puissance en kilogrammètres par seconde : 548 ; soit en poncelets 5,48 ou en chevaux vapeur 7.3).

*Troisième essai :*

$$P = 90 \qquad p = 25$$
$$P - p = 65 \qquad n = 755$$

Travail développé en une minute : 35.775 kilogrammètres.

Puissance en kilogrammètres par seconde : 596 ; soit en poncelets 5,96 (ou en chevaux vapeur 8).

*Résultats du meilleur essai :* 596 kilogrammètres par seconde ou en poncelets 5,96 ou en chevaux vapeur 8.

MOTEUR AL. DUMAS FILS. Moteur engagé par M. Al. Dumas fils, 18, rue Stendhal, Paris. — Moteur a deux cylindres horizontaux, refroidissement par circulation d'eau, allumage électrique.

Carburateur Longuemare.

Essence benzo-moteur 680.

*Données du moteur*

Alésage des cylindres en millimètres . . . . . . 103,5

Course  des pistons en millimètres. . . . . . . . . .   125
Surface  de chaque piston en centimètres carrés .    84
Volume de chaque cylindrée en centimètres cubes. 1.049

Fig. 2. — Essai au frein d'un moteur bons s avec dynamomètre.

Diamètre total de la soupape d'échappement en
millimètres. . . . . . . . . . . . . . . . . . . . . . . . . . .   37
Diamètre utile de cette soupape en millimètres.    31
Diamètre total de la soupape d'aspiration en
millimètres. . . . . . . . . . . . . . . . . . . . . . . . . . .   37
Diamètre utile de cette soupape en millimètres.    31
Levée de la soupape d'aspiration en millimètres.     4

Levée de la soupape d'échappement en millimètres.    8

Diamètre intérieur du tube d'échappement en millimètres. . . . . . . . . . . . . . . . . . . . . . . . . . .    21

Diamètre intérieur du tube d'aspiration en millimètres. . . . . . . . . . . . . . . . . . . . . . . . . . .    30

*Données des essais*

Diamètre de la poulie en millimètres . . . . .    290
Épaisseur de la courroie en millimètres. . . . . .    4
Développement par tour en millimètres. . . . . .    0,923

Pour les essais de ce moteur, le dynamomètre enregistrait la traction totale sur le frein. Cette traction, exprimée en kilogrammes, est présentée par $P$. Le poids $p$ exprimé en kilogrammes est retranché de $P$ pour donner le poids réel soulevé $P - p$. Le nombre de tours par minute est représenté par $n$. Les quatre premiers essais ont été faits sans pot d'échappement, le dernier avec pot d'échappement.

*Premier essai*, sans pot d'échappement :

$$P = 47,5 \qquad p = 8,775$$
$$P - p = 38,725 \qquad n = 907$$

Travail développé en une minute : 34.562 kilogrammètres.
Puissance en kilogrammètres par seconde : 576; soit en poncelets 5,76 (ou en chevaux-vapeur 7,7).

*Deuxième essai*, sans pot d'échappement :

$$P = 43,5 \qquad p = 16$$
$$P - p = 27,5 \qquad n = 1.225$$

Travail développé en une minute : 31.093 kilogrammètres.
Puissance en kilogrammètres par seconde : 518; soit en poncelets 5,8 (ou en chevaux-vapeur 6,9).

*Troisième essai*, sans pot d'échappement :

$$P = 68 \qquad p = 17,6$$
$$P - p = 50,4 \qquad n = 703$$

Travail développé en une minute : 32.703 kilogrammètres.
Puissance en kilogrammètres par seconde : 545; soit en poncelets 5,45 (ou en chevaux-vapeur 7,26).

*Quatrième essai,* sans pot d'échappement :

$$P = 46 \qquad p = 10,6$$
$$P - p = 35,4 \qquad n = 994$$

Travail développé en une minute : 32.478 kilogrammètres.

Puissance en kilogrammètres par seconde : 541 ; soit en poncelets 5,41 ou en chevaux vapeur 7,26.

*Cinquième essai,* avec pot d'échappement :

$$P = 40 \qquad p = 10,6$$
$$P - p = 29,4 \qquad n = 1.042$$

Travail développé en une minute : 27.462 kilogrammètres.

Puissance en kilogrammètres par seconde : 457 ; soit en poncelets 4,57 ou en chevaux vapeur 6,1 .

*Résultats du meilleur essai :* 576 kilogrammètres par seconde, ou en poncelets 5,76, ou en chevaux-vapeur 7 3/4.

MOTEUR DE DION-BOUTON, engagé par M. Brissard fils, 11, rue du Colonel-Oudot, Paris. — Moteur n° 3829 presque neuf, à un cylindre vertical, refroidissement par ailettes, allumage électrique.

Les essais ont été faits avec un carburateur de Dion-Bouton, une poulie de freinage étant calée sur l'arbre moteur et sans pot d'échappement.

Essence benzo-moteur 680.

*Données du moteur*

| | |
|---|---|
| Alésage du cylindre en millimètres | 66 |
| Course du piston en millimètres | 70 |
| Surface du piston en centimètres carrés | 34,2 |
| Volume de la cylindrée en centimètres cubes | 240 |
| Diamètre total de la soupape d'échappement en millimètres | 30 |
| Diamètre utile de cette soupape en millimètres | 25 |
| Diamètre total de la soupape d'admission en millimètres | 30 |
| Diamètre utile de cette soupape en millimètres | 25 |
| Capacité de la chambre d'explosion en centimètres cubes | 92 |

*Données des essais*

Diamètre de la poulie en millimètres. . . . . . . . .   205
Diamètre de la corde en millimètres . . . . . . . .    10
Développement par tour en mètres . . . . . . . .    0,675

P représente en kilogrammes le poids accroché à l'un des bouts de la corde du frein ; $p$ est en kilogrammes la tension du dynamomètre ; P — $p$ est donc le poids total soulevé ; $n$ est le nombre de tours de la poulie en une minute. Tous les essais, sauf le deuxième et le septième, ont été faits avec pot d'échappement.

*Premier essai*, avec le pot d'échappement :

$$P = 12 \qquad\qquad p = 5,5$$
$$P - p = 6,5 \qquad\qquad n = 1.426$$

Travail développé en une minute : 6.257 kilogrammètres.
Puissance en kilogrammètres par seconde : 104 ; soit en poncelets 1,04 ou en chevaux-vapeur 1,4 .

*Deuxième essai*, sans pot d'échappement :

$$P = 10 \qquad\qquad p = 4$$
$$P - p = 6 \qquad\qquad n = 1.752$$

Travail développé en une minute : 7.095 kilogrammètres.
Puissance en kilogrammètres par seconde : 118 ; soit en poncelets 1,18 (ou en chevaux vapeur 1,575).

*Troisième essai*, avec le pot d'échappement :

$$P = 8 \qquad\qquad p = 3$$
$$P - p = 5 \qquad\qquad n = 1.580$$

Travail développé en une minute : 5.332 kilogrammètres.
Puissance en kilogrammètres par seconde : 89 ; soit en poncelets 0,89 ou en chevaux-vapeur 1,32 .

*Quatrième essai*, avec le pot d'échappement :

$$P = 10 \qquad\qquad p = 3,5$$
$$P - p = 6,5 \qquad\qquad n = 1.493$$

Travail développé en une minute : 6.112 kilogrammètres.
Puissance en kilogrammètres par seconde : 102 ; soit en poncelets 1,02 ou en chevaux-vapeur 1,36).

*Cinquième essai*, avec le pot d'échappement :

$$P = 11 \qquad p = 4$$
$$P - p = 7 \qquad n = 1.326$$

Travail développé en une minute : 6.265 kilogrammètres.

Puissance en kilogrammètres par seconde : 104 ; soit en poncelets 1,04 ; ou en chevaux-vapeur 1,39 .

*Sixième essai*, avec pot d'échappement :

$$P = 10 \qquad p = 4,3$$
$$P - p = 5,7 \qquad n = 1.436$$

Travail développé en une minute : 5.525 kilogrammètres.

Puissance en kilogrammètres par seconde : 92 ; soit en poncelets 0,92 ; ou en chevaux-vapeur 1,23).

*Septième essai*, sans pot d'échappement :

$$P = 12 \qquad p = 5,5$$
$$P - p = 6,5 \qquad n = 1.360$$

Travail développé en une minute : 5.967 kilogrammètres.

Puissance en kilogrammètres par seconde : 99 ; soit en poncelets 0,99 (ou en chevaux-vapeur 1,3).

*Résultats du meilleur essai :* 118 kilogrammètres par seconde ou en poncelets 1,18, ou en chevaux-vapeur 1,57.


MOTEUR DELAHAYE. Moteur actionnant une voiture Delahaye engagée par son propriétaire, M. E. Châle, 7, rue de Médicis, Paris. — Moteur à deux cylindres horizontaux parallèles, allumage électrique, refroidissement par circulation d'eau.

La voiture a été livrée le 13 juillet, a parcouru environ 4.500 kilomètres. Le poids de la voiture est de 1.200 kilogrammes à vide.

Freinages effectués sur la poulie de grande vitesse, le premier avec une courroie en balata et les autres avec une courroie en cuir, un accident étant survenu à la première courroie employée.

### Données du moteur

Alésage de chaque cylindre en millimètres. . . . 110
Course des pistons en millimètres. . . . . . . . 160

Surface de chaque piston en centimètres carrés.    95
Volume de chaque cylindrée en centimètres cubes, 1.520
Diamètre total de chaque soupape d'échappement
en millimètres. . . . . . . . . . . . . . . . . . . . .    43
Diamètre utile de ces soupapes en millimètres .    35
Diamètre total de chaque soupape d'admission en
millimètres . . . . . . . . . . . . . . . . . . . . . .    43
Diamètre utile de ces soupapes en millimètres. .    35
Soulèvement des soupapes d'admission en milli-
mètres. . . . . . . . . . . . . . . . . . . . . . . . .    4
Soulèvement des soupapes d'échappement en mil-
limètres . . . . . . . . . . . . . . . . . . . . . . . .    8

### Données des essais

Diamètre de la poulie de freinage en millimètres.    298
Épaisseur de la courroie en balata en millimètres.    6
Épaisseur de la courroie en cuir en millimètres.    4
Développement par tour 1ᵉʳ essai en millimètres.    0,945
Développement par tour (autres essais) en milli-
mètres. . . . . . . . . . . . . . . . . . . . . . . . .    0,942

$P$ représente en kilogrammes la traction enregistrée par le dynamomètre, et $p$ représente en kilogrammes le poids suspendu à l'autre bout de la courroie; en sorte que $P - p$ est le poids soulevé; $n$ est le nombre de tours par minute.

*Premier essai :*

$$P = 105 \qquad\qquad p = 30,240$$
$$P - p = 74,76 \qquad\qquad n = 687$$

Travail développé en une minute : 48.535 kilogram-mètres.

Puissance en kilogrammètres par seconde: 809; soit en poncelets 8 (ou en chevaux-vapeur 10,85).

*Deuxième essai :*

$$P = 80 \qquad\qquad p = 15,180$$
$$P - p = 64,820 \qquad\qquad n = 774$$

Travail développé en une minute : 47.431 kilogrammètres,

Puissance en kilogrammètres par seconde: 790; soit en poncelets 7.9 ;ou en chevaux-vapeur 10 1/2).

*Troisième essai :*

$$\text{P} = 69 \qquad\qquad p = 15,180$$
$$\text{P} - p = 53,820 \qquad\qquad u = 820$$

Travail développé en une minute: 41.573 kilogrammètres.

Puissance en kilogrammètres par seconde : 696; soit en poncelets 7 ;ou en chevaux-vapeur 9,3 .

*Quatrième essai :*

$$\text{P} = 65 \qquad\qquad p = 15,180$$
$$\text{P} - p = 49,820 \qquad\qquad u = 893$$

Travail développé en une minute: 41.889 kilogrammètres.

Puissance en kilogrammètres par seconde : 696; soit en poncelets 7 ;ou en chevaux-vapeur 9,5).

*Résultats du meilleur essai :* 809 kilogrammètres par se conde. ou en poncelets 8. ou en chevaux vapeur 10,8.


MOTEUR « LE TOURISTE », système J. BOUCHÉ. engagé par son constructeur. M. Monin. 33. rue Saint Ambroise. Paris.

Ce moteur est a deux cylindres horizontaux paral lèles, allumage électrique. refroidissement par circulation d'eau. La commande de l'échappement se fait par excen trique. Le carburateur employé dans les essais est le car burateur spécial système J. Bouché. Le freinage de ce moteur a été effectué sur le volant au frein a corde.

Pour les trois premiers essais, le moteur a été alimenté par l'essence benzo moteur a 680. Pour le dernier essai, on a em ployé un nouvel hydrocarbure lourd a 880 obtenu dans la distillation du goudron de houille et fourni par la Société des huiles minérales de Colombes, sur lequel nous avons com mencé une série d'essais. le carburateur employé étant, dans les deux cas, le carburateur J. Bouché. Chaque essai a été obtenu après une marche d'un quart d'heure au frein.

Les essais ont été faits *avec le pot d'échappement.*

*Données du moteur*

Alésage de chaque cylindre en millimètres. .     90

Course des pistons en millimètres. . . . . . . .    160
Surface de chaque piston en centimètres carrés.     63.6
Volume de chaque cylindrée en centimètres
cubes. . . . . . . . . . . . . . . . . . . . .   1.017.6
Diamètre des soupapes d'admission. . . . . . .       35
Diamètre des soupapes d'échappement en milli
mètres. . . . . . . . . . . . . . . . . . . . .       28

*Données des essais*

Diamètre du volant en millimètres. . . . . . . .    400
Diamètre de la corde en millimètres. . . . . . .     10
Développement par tour en mètres. . . . . . .      1,29

P et $p$ représentent en kilogrammes les tractions aux deux
extrémités de la corde, P — $p$ étant le poids réel soulevé; $n$ est le nombre de tours par minute.

*Premier essai.*
Benzo-moteur 680 :

$$P \quad 35{,}630 \qquad\qquad p \quad 9{,}500$$
$$P - p \quad 26{,}130 \qquad\qquad n \quad 680$$

Travail fourni en une minute : 22.701 kilogrammètres.
Puissance en kilogrammètres par seconde : 378; c'est-à-dire
en poncelets 3,78 ou en chevaux-vapeur 5,04).
*Deuxième essai.*
Benzo-moteur 680 :

$$P \quad 40{,}385 \qquad\qquad p \quad 8$$
$$P - p \quad 32{,}385 \qquad\qquad n \quad 630$$

Travail fourni en une minute : 26.319 kilogrammètres.
Puissance en kilogrammètres par seconde : 440; c'est-à-
dire en poncelets 4,4 ou en chevaux vapeur 5,86).
*Troisième essai.*
Benzo-moteur 680 :

$$P \quad 40{,}385 \qquad\qquad p \quad 9{,}500$$
$$P - p \quad 30{,}885 \qquad\qquad n \quad 633$$

Travail fourni en une minute : 25.220 kilogrammètres.

Puissance en kilogrammètres par seconde : 420 ; c'est-à-dire en poncelets 4,2 ou en chevaux-vapeur 5,63.

*Quatrième essai.*

Hydrocarbure lourd 880 :

$$P \quad 40,385 \qquad\qquad p \quad 8$$
$$P - p \quad 32,385 \qquad\qquad n \quad 622$$

Travail fourni en une minute : 25.985 kilogrammètres.

Puissance en kilogrammètres par seconde : 433 ; c'est-à-dire en poncelets 4,33 ou en chevaux-vapeur 5,77.

*Résultats du meilleur essai* pour le moteur « Le Touriste » (avec pot d'échappement) : 440 kilogrammètres par seconde, c'est-à-dire 4,4 poncelets ou 5,86 chevaux-vapeur.

MOTEUR DE DION-BOUTON. — Ce moteur, engagé par M. Massiou, 20, rue de Rome, Paris, provient d'un moteur 66 $\times$ 70 réalésé et transformé en 70 $\times$ 70.

Moteur à un seul cylindre vertical, allumage électrique, refroidissement par ailettes.

Les essais ont été faits au frein à corde sur une poulie clavetée sur l'arbre moteur, le premier au carburateur à barbotage, les deux autres au carburateur pulvérisateur ; l'essence employée est le benzo-moteur 680.

### Données du moteur

Alésage du cylindre en millimètres. . . . . . . . . 70

Course du piston en millimètres. . . . . . . . . . 70

Surface du piston en centimètres carrés. . . . . . 38,5

Volume de la cylindrée en centimètres cubes . . . 270

Diamètre total de chaque soupape, aspiration et échappement, en millimètres . . . . . . . . . . . 30

Diamètre utile de chacune de ces soupapes en millimètres . . . . . . . . . . . . . . . . . . . . 25

### Données des essais

Diamètre de la poulie en millimètres . . . . . . . 242

Diamètre de la corde en millimètres . . . . . . . 10

Développement par tour en mètres. . . . . . . . . 0,791

P et $p$ représentent en kilogrammètres les tractions aux deux extrémités de la corde. P — $p$ est le poids réel soulevé, $n$ est le nombre de tours par minute.

*Premier essai.* — Carburateur à barbotage :

$$P = 8 \qquad p = 3,2$$
$$P - p = 4,8 \qquad n = 1.504$$

Travail fourni en une minute : 5.938 kilogrammètres.

Puissance en kilogrammètres par seconde : 99 ; c'est-à-dire en poncelet 1 (ou en chevaux-vapeur 1,32

*Deuxième essai.* — Carburateur-pulvérisateur :

$$P = 8 \qquad p = 2,2$$
$$P - p = 5,8 \qquad n = 1.686$$

Travail fourni en une minute : 7.735 kilogrammètres.

Puissance en kilogrammètres par seconde : 129 ; c'est-à-dire en poncelets 1,3 (ou en chevaux-vapeur 1,72).

*Troisième essai.* — Carburateur pulvérisateur :

$$P = 8 \qquad p = 2,5$$
$$P - p = 5,5 \qquad n = 1.650$$

Travail fourni en une minute : 7.178 kilogrammètres.

Puissance en kilogrammètres par seconde : 120 ; c'est-à-dire en poncelets 1,2 (ou en chevaux-vapeur 1,6).

*Résultats du meilleur essai* de ce moteur de Dion-Bouton réalisé : 129 kilogrammètres par seconde ; c'est-à-dire 1,3 poncelets ; 1,72 chevaux-vapeur.


MOTEUR GOBRON-BRILLIÉ. — Engagé par la Société des moteurs Gobron Brillié, anciennement 17, rue Philippe-de-Girard, actuellement 13, quai de Boulogne, à Boulogne-sur-Seine. — Ce moteur est à deux cylindres verticaux et à quatre pistons, l'explosion se produisant entre les deux pistons ; les deux pistons supérieurs n'ont pas la même longueur de course que les deux pistons inférieurs. Le carburateur, ou plutôt le distributeur de pétrole, est d'un dispositif spécial. Il dose la quantité de pétrole admise à chaque cylindrée, le régulateur agissant sur ce distributeur.

Ce dosage volumétrique est assuré par une clé à alvéoles

dont la rotation est commandée par le régulateur de vitesse, comme le représente en détail notre figure 11.

Une clé conique tourne à l'intérieur d'un boisseau $b$ dans lequel elle est exactement appliquée par un ressort agissant sur un pointeau. Cette clé porte sur tout son pourtour des alvéoles équidistantes qui s'emplissent de pétrole en regard de la rainure circulaire par où afflue ce liquide.

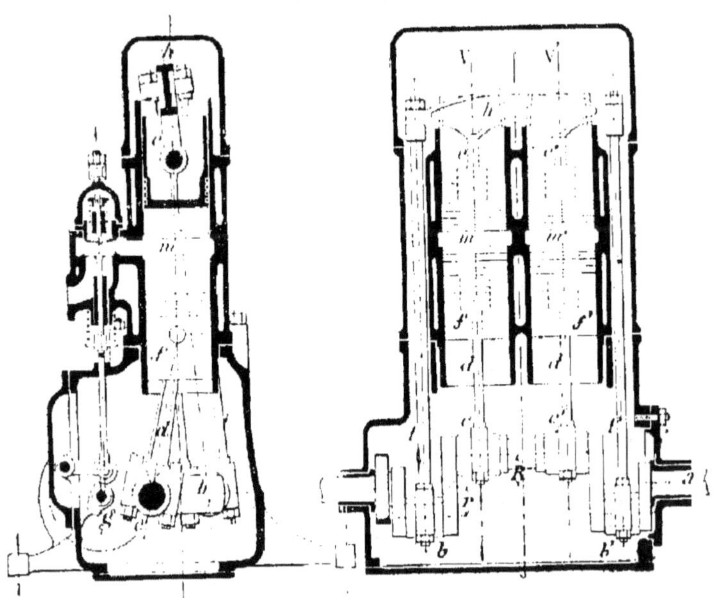

Fig. 10. — Moteur à pétrole équilibré, système Gobron et Brillé.

En $f$ et $g$ viennent converger deux conduits: l'un $f$ servant à l'arrivée d'air, l'autre $g$ aboutissant aux soupapes d'aspiration du moteur. Extérieurement la clé est commandée par un arbre portant un rochet $i$ dont le nombre des dents est le même que celui des alvéoles de la clé: ce rochet est mis en mouvement par le cliquet $h$.

Un régulateur agissant sur le levier $a$, commandant ce cliquet, peut en paralyser le mouvement et par suite arrêter les mouvements de la clé.

La rotation de la clé se faisant ainsi de droite à gauche,

on conçoit qu'au moment où une alvéole pleine de liquide se
présente en regard des conduits $g$, $f$, l'aspiration du moteur
provoque par $f$ un appel d'air qui entraîne dans le conduit $g$ l'essence que contenait l'alvéole. Ce mélange est pul-

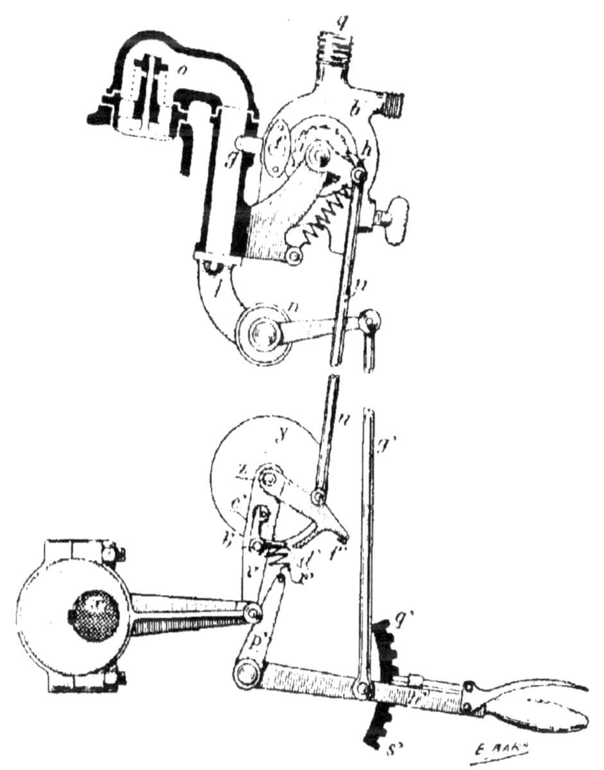

Fig. 11. — Schéma de la distribution du pétrole et du régulateur.

vérisé à travers une crépine qui termine ce conduit $g$, puis
se mélange à l'air pur arrivant par le conduit $f$. Le brassage
résultant de ces deux courants produit une vaporisation complète du liquide et donne un mélange tonnant aussi homo-
gène que possible.

L'afflux de l'air dans le conduit $f$ est réglé par un registre $u$
de telle sorte qu'il se produise dans la chambre $o$, au mo-

ment de l'aspiration, une dépression susceptible de provoquer un appel d'air suffisant par les conduits $q$, $f$.

Le pétrole est amené à l'appareil distributeur par un conduit muni d'un robinet. En $q$ est une cheminée verticale ménagée pour le dégagement des bulles d'air provenant des alvéoles en remplissage. A droite se trouve une clé de vidange permettant de vider le distributeur.

Nous avons dit que l'encliquetage $i$ qui commande la rotation de la clé était actionné par la bielle $u$, reliée à l'appareil de régulation. Ce *régulateur* est constitué par un levier $v$, lequel reçoit un mouvement d'oscillation d'une came ou d'un excentrique monté sur l'arbre $x$ du moteur. Une masse $y$, équilibrée par rapport à son axe et montée folle sur l'axe $z$ du levier $v$, est entraînée dans l'oscillation de ce levier par un toc $t$ qui passe, avec un certain jeu, dans une fenêtre pratiquée dans le levier $v$. Cette masse est sollicitée par un ressort $r$, dont on peut faire varier la tension au moyen d'un levier, qui est représenté en $h$, mais qui pratiquement est manœuvré à distance du siège du conducteur. Sur le levier $v$ est monté un culbuteur $c$, mobile autour d'un axe $b$, et sollicité par un ressort qui tend à appliquer la branche supérieure contre le toc $t$ à l'extrémité de l'autre branche est une encoche $d$, qui est normalement en regard du bec inférieur du levier $l$, oscillant autour de l'axe $z$ et qui par la bielle $e$ commande, comme nous l'avons vu, le mouvement d'encliquetage. En $f$ est un taquet de butée qui limite la course inférieure du levier $l$, lequel est sollicité par le ressort que l'on voit à l'articulation supérieure de la bielle $u$.

La manette $h$ étant disposée au cran du secteur $qs$ qui correspond à la vitesse à obtenir, le ressort $r$ agit pour appuyer le toc contre le bord de droite de la fenêtre circulaire du levier $v$.

Tant que ce contact est maintenu, l'oscillation du levier $v$ se transmet intégralement à l'ensemble constitué par le levier $v$, la masse $y$, le culbuteur $c$, le levier $r$ et l'encliquetage supérieur $h$. Dans ces conditions, à chaque tour, une alvéole pleine d'essence vient se disposer en regard des conduites $f$, $q$ et celle-ci est entraînée par l'aspiration du moteur.

Si la vitesse du régime tend à être dépassée, les efforts

d'inertie de la masse $g$ augmentant, cette masse tend à être lancée ; le toc $c'$ lâchera le contact avec le bord de droite de la fenêtre du levier $r$, au moment où l'encoche $d$ du culbuteur $c'$ est séparée du levier $l$ par l'effet du taquet de butée $t$.

Fig. 42. — Essai du moteur Gobron-Brillié.

Ce déplacement relatif de la masse $g$ par rapport au levier $r$ fait osciller le culbuteur $c'$ autour de son axe $b'$ et, l'instant d'après, quand le levier $r$ sera poussé à droite, le bras, portant l'encoche $d$, se trouvant soulevé, évitera le bec du levier $l$ qui n'entraînera plus la tige $a$ ni l'encliquetage supérieur $h$ ; la rotation de la clé à alvéoles sera ainsi arrêtée et le pétrole cessera d'être envoyé au moteur, dont la vitesse diminuera peu à peu, puisqu'il ne tournera plus que par suite de la vitesse acquise. Quand sa vitesse sera suffisamment diminuée, les efforts d'inertie de la masse $g$ étant moindres, le toc $c$ reprendra sa place, l'encoche $d$ du levier $e$ rencontrera à nouveau le bec du levier $f$ et la tige $a$ actionnera à nouveau l'encliquetage $h$ de la clé à alvéoles : la distribution sera par suite reprise.

En modifiant la position du levier $h$, on modifie l'action du ressort $r$ sur le toc et, par suite, la vitesse du moteur.

Ce dispositif assure donc une facilité de conduite et une précision que ne donne aucun carburateur. Ce dosage, absolument indépendant de toute habileté du conducteur, donne une combustion complète dans la chambre d'explosion, sans laisser subsister de résidus, source de mauvaises odeurs.

Allumage électrique, refroidissement par circulation d'eau

On a fait sur ce moteur toute une série d'expériences servant de comparaisons entre les diverses méthodes de freinage employant successivement le frein de Prony et le frein à corde dynamométrique. Les essais ont été de longue durée. Chaque essai comporte un quart d'heure de marche sous le même poids et la vitesse de rotation a été relevée, au cours de chaque essai, par des mesures au compte-tours effectuées, chacune pendant une minute, de trois en trois minutes ou de quatre en quatre minutes. La vitesse servant à calculer le travail fourni est la moyenne des vitesses relevées au cours de chaque essai.

On a mentionné les nombres de tours par minute relevés au compte-tours. On pourra constater que, dans le premier essai, la vitesse a varié, par rapport à la moyenne de cet essai, d'environ 2 p. 100. Dans le second essai 2 p. 100, dans le troisième 3 p. 100, dans le quatrième moins de 1 p. 100, dans le cinquième 1 p. 100, dans le septième 2,5 p. 100, etc.

Ces expériences montrent, mieux que tout raisonnement, que l'on est parfaitement en droit de ne faire porter l'essai que sur quelques minutes et qu'il n'est nullement besoin de faire des essais de longue durée, tout au moins pour obtenir des résultats exacts à moins de 3 p. 100 près, ce qui nous semble bien suffisant.

Les essais faits avec benzo moteur 680 ou avec hydrocar
bure spécial à 880 (ainsi qu'il est mentionné à chaque essai)
ont été faits *avec le pot d'échappement.*

### Données du moteur

Alésage de chaque cylindre en millimètres. . . . . .          80
Course des pistons inférieurs en millimètres. . .          80
Course des pistons supérieurs en millimètres. . .          60
Course totale dans chaque cylindre en millimètres.          140
Surface de chaque piston en centimètres carrés. .          50,26
Volume de chaque cylindrée en centimètres cubes.          7 07

### Données des essais

*1° Essais au frein de Prony :*

Tare du frein de Prony en kilogrammes. . . . . . . .          4,5
Développement du cercle décrit par le point de
suspension des poids en mètres. . . . . . . . . . . .          5

*2° Essais au frein dynamométrique :*

Diamètre de la poulie en millimètres. . . . . . . . .          300
Diamètre de la corde en millimètres . . . . . . . . .          10
Développement par tour en mètres. . . . . . . . . .          0,973
Ces essais ont servi en même temps à des expériences de
consommation.

*Premier essai.* — Hydrocarbure à 880. Frein de Prony.
Durée de l'essai : quinze minutes.
Poids accroché en kilogrammes. . . . . . . . . . . .          5
Poids réel en kilogrammes . . . . . . . . . . . . . .          6,5
Nombres de tours par minute relevés : 805, 836, 829, 824.
Moyenne : 823 tours par minute.
Travail moyen fourni en une minute : 26.747 kilogram-
mètres.
Puissance en kilogrammètres par seconde : 446 ; c'est à dire
en poncelets 4,46 ou en chevaux-vapeur 5,94 .
*Deuxième essai.* — Hydrocarbure à 880. Frein de Prony.
Durée de l'essai : quinze minutes.

Poids accroché en kilogrammes . . . . . . . . . . . 5
Poids réel en kilogrammes . . . . . . . . . . . . . 6,5
Nombres de tours par minute relevés : 830, 826, 853, 838.
Moyenne : 837 tours par minute.

Travail moyen fourni en une minute : 27.202 kilogrammètres.

Puissance en kilogrammètres par seconde : 453 ; c'est-à-dire en poncelets 4.53 (ou en chevaux-vapeur 6).

*Troisième essai.* — Hydrocarbure à 880. Frein de Prony. Durée de l'essai : quinze minutes.

Poids accroché en kilogrammes . . . . . . . . . . . 6
Poids réel en kilogrammes . . . . . . . . . . . . . 7,5
Nombres de tours par minute relevés : 719, 703, 677, 690, 692.
Moyenne : 696 tours par minute.

Travail moyen fourni en une minute : 26.100 kilogrammètres.

Puissance en kilogrammètres par seconde : 435 ; c'est-à-dire en poncelets 4.35 (ou en chevaux vapeur 5,8).

*Quatrième essai.* — Hydrocarbure à 880. Frein de Prony. Durée de l'essai : quinze minutes.

Poids accroché en kilogrammes . . . . . . . . . . . 5
Poids réel en kilogrammes . . . . . . . . . . . . . 6,5
Nombres de tours par minute relevés : 867, 867, 868, 865, 865.
Moyenne : 866 tours par minute.

Travail moyen fourni en une minute : 28.145 kilogrammètres.

Puissance en kilogrammètres par seconde : 469 ; c'est-à-dire en poncelets 4.7 (ou en chevaux vapeur 6,25).

*Cinquième essai.* — Hydrocarbure à 880. Frein de Prony. Durée de l'essai : quinze minutes.

Poids accroché en kilogrammes . . . . . . . . . . . 6
Poids réel en kilogrammes . . . . . . . . . . . . . 7,5
Nombres de tours par minute relevés : 669, 666, 672, 678, 683.
Moyenne : 674 tours par minute.

Travail moyen fourni en une minute : 25.275 kilogrammètres.

Puissance en kilogrammètres par seconde : 421 ; c'est-à-dire en poncelets 4,2 ou en chevaux-vapeur 5,6.

*Sixième essai.* — Essence benzo-moteur 680. Frein de Prony. Durée de l'essai : quinze minutes.

Poids accroché en kilogrammes. . . . . . . . . . . . .   5

Poids réel en kilogrammes . . . . . . . . . . . . . .   6,5

Nombres de tours par minute relevés : 835, 844, 868, 848, 852.

Moyenne : 849 tours par minute.

Travail moyen fourni en une minute : 27.592 kilogrammètres.

Puissance en kilogrammètres par seconde : 460 ; c'est-à-dire en poncelets 4,6 ou en chevaux-vapeur 6,13.

*Septième essai.* — Essai au frein à corde dynamométrique, essence benzo-moteur 680. Durée de l'essai : quinze minutes.

Poids accroché en kilogrammes. . . . . . . . . . .   50,240

Tractions en kilogrammes sur le dynamomètre, correspondant aux nombres de tours relevés : 17 ; 17,5 ; 17,5 ; 17.

Moyenne de la traction, en kilogrammes . . . . .   17,250

Poids réel soulevé en kilogrammes . . . . . . . . .   32.990

Nombres de tours par minute relevés : 875, 865, 868, 872.

Moyenne : 870 tours par minute.

Travail fourni en une minute : 27.926 kilogrammètres.

Puissance en kilogrammètres par seconde : 465 ; c'est à dire en poncelets 4,65 ou en chevaux-vapeur 6,25.

*Résultats du meilleur essai* pour le moteur Gobron Brillié, avec pot d'échappement : 469 kilogrammètres par seconde ; c'est-à-dire 4,7 poncelets ou 6,25 chevaux-vapeur.

Moteur Buchet. — Moteur engagé par M. Buchet, 168, avenue Daumesnil, Paris.

Ce moteur est à un seul cylindre horizontal, allumage électrique, refroidissement par circulation d'eau. Les essais ont été faits avec de l'essence à 700, dans l'ordre où ils sont relatés. Le frein à corde était placé sur la circonférence du volant du moteur. Carburateur système Buchet.

### *Données du moteur*

Alésage du cylindre en millimètres. . . . . . . . .   90

Course du piston en millimètres. . . . . . . . . . 130
Surface du piston en centimètres carrés. . . . . . 63.6
Volume de la cylindrée en centimètres cubes. . . 826.6
Diamètre de la soupape d'aspiration en millimètres. . . . . . . . . . . . . . . . . . . . . 32
Levée de cette soupape en millimètres. . . . . 1
Diamètre de la soupape d'échappement en millimètres. . . . . . . . . . . . . . . . . . . . . 32
Levée de cette soupape en millimètres. . . . . . . 6

*Données des essais*

Diamètre du volant en millimètres. . . . . . . . . . 400
Diamètre de la corde de frein en millimètres. . . 10
Développement par tour en mètres. . . . . . . . . 1,29

*Premier essai :*

$$P = 20 \qquad\qquad p = 6$$
$$P - p = 14 \qquad\qquad n = 850$$

Travail développé par minute : 15.351 kilogrammètres.
Puissance en kilogrammètres par seconde : 256 ; c'est à dire en poncelets 2,56 (ou en chevaux-vapeur 3,4).

*Deuxième essai :*

$$P = 20 \qquad\qquad p = 5,5$$
$$P - p = 14,5 \qquad\qquad n = 867$$

Travail développé par minute : 16.232 kilogrammètres.
Puissance en kilogrammètres par seconde : 270 ; c'est-à-dire en poncelets 2,7 (ou en chevaux vapeur 3,73).

*Troisième essai :*

$$P = 20 \qquad\qquad p = 6$$
$$P - p = 14 \qquad\qquad n = 867$$

Travail développé par minute : 15.658 kilogrammètres.
Puissance en kilogrammètres par seconde : 261 ; c'est à dire en poncelets 2,6 (ou en chevaux-vapeur 3,5).

*Quatrième essai :*

$$P = 20 \qquad\qquad p = 7$$
$$P - p = 13 \qquad\qquad n = 900$$

Travail développé par minute : 15.093 kilogrammètres.

Puissance en kilogrammètres par seconde : 252 ; c'est à dire en poncelets 2.5 (ou en chevaux-vapeur 3.3 .

*Cinquième essai :*

$$P \quad 50 \qquad\qquad p \quad 6$$
$$P' \quad p \quad 45 \qquad\qquad n \quad 838$$

Travail développé par minute : 14.934 kilogrammètres.

Puissance en kilogrammètres par seconde : 249 ; c'est à dire en poncelets 2.5 (ou en chevaux vapeur 3.45 .

*Résultats du meilleur essai :* 270 kilogrammètres par seconde ; c'est à dire en poncelets 2.7 ; ou en chevaux vapeur 3 2.4.

MOTEUR VOITURETTE BUCHET. — Moteur engagé par M. Buchet, 168, avenue Daumesnil. Ce moteur provient d'un moteur de Dion Bouton transformé. Le cylindre a été changé et porté aux dimensions 80 × 80. La culasse de ce moteur est la culasse Buchet. Moteur à un seul cylindre vertical, allumage électrique, refroidissement par ailettes.

Les essais ont été faits avec de l'essence à 700, dans l'ordre où ils sont relatés. Le frein à corde était placé sur la circonférence d'une poulie creuse calée sur l'arbre du moteur. Carburateur à pulvérisation.

### Données du moteur

| | |
|---|---:|
| Alésage du cylindre en millimètres | 80 |
| Course du piston en millimètres | 80 |
| Surface du piston en centimètres carrés | 50,2 |
| Volume de la cylindrée en centimètres cubes | 402 |
| Diamètre de la soupape d'aspiration en millimètres | 30 |
| Levée de cette soupape en millimètres | 4 |
| Diamètre de la soupape d'échappement en millimètres | 30 |
| Levée de cette soupape en millimètres | 4 |

### Données des essais

| | |
|---|---:|
| Diamètre du volant en millimètres | 242 |

Diamètre de la corde de frein en millimètres . . .   10
Développement par tour en mètres . . . . . . . . . .   0,794

*Premier essai :*

$$P = 15 \qquad p = 5$$
$$P - p = 10 \qquad n = 1.660$$

Travail développé par minute : 13.180 kilogrammètres.

Puissance en kilogrammètres par seconde : 220 ; c'est-à-dire en poncelets 2,2 ou en chevaux-vapeur 3,.

*Deuxième essai :*

$$P = 15 \qquad p = 5,5$$
$$P - p = 9,5 \qquad n = 1.500$$

Travail développé par minute : 11.314 kilogrammètres.

Puissance en kilogrammètres par seconde : 188 ; c'est-à-dire en poncelets 1,9 ou en chevaux-vapeur 2,5).

*Troisième essai :*

$$P = 15 \qquad p = 7$$
$$P - p = 10 \qquad n = 1.300$$

Travail développé par minute : 11.940 kilogrammètres.

Puissance en kilogrammètres par seconde : 199 ; c'est-à-dire en poncelets 2 ou en chevaux-vapeur 2,65).

*Quatrième essai :*

$$P = 16 \qquad p = 4,8$$
$$P - p = 11,2 \qquad n = 1.600$$

Travail développé par minute : 14.228 kilogrammètres.

Puissance en kilogrammètres par seconde : 237 ; c'est-à-dire en poncelets 2,4 ou en chevaux-vapeur 3,3.

*Cinquième essai :*

$$P = 16 \qquad p = 5$$
$$P - p = 11 \qquad n = 1.688$$

Travail développé par minute : 14.742 kilogrammètres.

Puissance en kilogrammètres par seconde : 246 ; c'est-à-dire en poncelets 2,46 ou en chevaux-vapeur 3,3.

*Sixième essai :*

$$P = 15 \qquad p = 5$$
$$P - p = 10 \qquad n = 1.700$$

Travail développé par minute : 13.498 kilogrammètres.

Puissance en kilogrammètres par seconde : 225 ; c'est-à-dire en poncelets 2,25 (ou en chevaux vapeur 3).

*Résultats du meilleur essai* : 246 kilogrammètres par seconde ; c'est-à-dire en poncelets 2,46 ; ou en chevaux 3 1/3.

MOTEUR « CYCLOPE » SYSTÈME DANIEL AUGÉ. — Ce moteur, engagé par son constructeur M. Daniel Augé, 92, rue des Arts, à Levallois-Perret, est un moteur analogue, comme système, au « Cyclope », dont nous avons donné les essais antérieurement ; mais il est de dimensions moindres et du type horizontal. Deux cylindres, circulation d'eau, carburateur « Cyclope », allumage électrique ; les essais ont été faits avec pot d'échappement et au frein à corde.

### *Données du moteur*

| | |
|---|---|
| Alésage de chaque cylindre en millimètres | 85 |
| Course des pistons en millimètres | 120 |
| Surface de chaque piston en centimètres carrés | 56.7 |
| Volume de chaque cylindrée en centimètres cubes | 680 |
| Diamètre des soupapes d'admission en millimètres | 28 |
| Diamètre des soupapes d'échappement en millimètres | 35 |

### *Données des essais*

| | |
|---|---|
| Diamètre de la poulie de freinage en millimètres | 400 |
| Diamètre de la corde en millimètres | 10 |
| Développement par tour en mètres | 1,287 |

$$P = 34 \qquad\qquad p = 9,5$$
$$P - p = 24,5 \qquad\qquad n = 300$$

Travail développé par minute : 22.072 kilogrammètres.

Puissance en kilogrammètres par seconde : 368 ; c'est-à-dire en poncelets 3,68 (ou en chevaux-vapeur 4,91).

Les expériences dont on vient de lire les résultats n'avaient qu'un seul but : faire connaître la force réelle des moteurs apportés au concours. Elles ont pourtant été fécondes en enseignements de toute nature dont les constructeurs pourront utilement faire leur profit.

Il est arrivé, notamment, qu'en comparant des moteurs de types différents, mais ayant sensiblement le même alésage, la même course et le même nombre de tours, on a obtenu, aux essais de freinage, des puissances très différentes. Les habiles expérimentateurs d'Aubervilliers ont été tout naturellement amenés à rechercher les causes de ces anomalies.

De là une étude, malheureusement encore bien incomplète, des conditions dans lesquelles fonctionnent les moteurs à pétrole d'automobiles, au point de vue de l'aspiration du mélange explosif.

M. Géorgia Knap, rappelant qu'un moteur à quatre temps qui tourne à 1.800 tours n'a qu'un soixantième de seconde pour effectuer chacune des phases de son cycle, — temps encore bien diminué pour les petits moteurs dont le nombre de tours atteint 2.500, — signala l'importance que peuvent prendre les coudes et les étranglements de tuyaux d'admission parcourus par un mélange gazeux animé d'une vitesse linéaire de 60 mètres par seconde. Il est évident qu'à ces vitesses fantastiques les pertes de charge peuvent prendre une certaine importance. Les constructeurs s'en souciaient-ils ? On prit un des moteurs présentés au concours. On releva d'une façon très précise les dimensions de sa tuyauterie d'admission et de sa tuyauterie d'échappement et l'on arriva à des résultats très curieux.

La figure ci-contre montre, avec les cotes à l'appui, la dimension exacte de ces deux tuyauteries.

A l'aspiration, nous voyons d'abord le col du carburateur avec une section intérieure de 34 millimètres correspondant à une surface de 907 millimètres, puis en suivant les sinuosités de l'admission, nous trouvons un étranglement de 29 millimètres, soit 660 millimètres de surface, ensuite nous arrivons au diamètre de 26 millimètres intérieur du siège de l'aspiration, correspondant à une surface de 530 millimètres ; comme on le voit par cette figure, la différence se chiffre presque du simple au double, il ne reste que l'illusion d'une cana

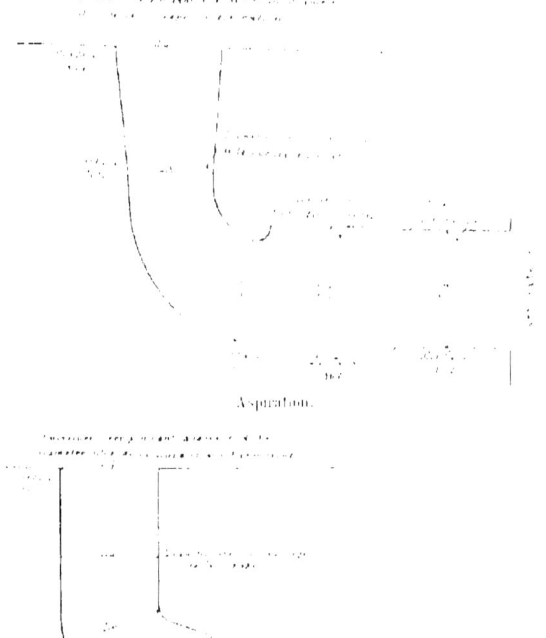

Aspiration.

Échappement.

Fig. 13. — Schéma des tuyauteries d'un des moteurs à pétrole
présentés au concours.

lisation ayant des diamètres appropriés à l'alésage du moteur.

Si nous considérons le schéma, nous voyons que l'évacuation n'a pas une plus grande section que l'admission, ce qui est certainement mauvais au point de vue de l'expulsion complète des gaz brûlés.

M. E. Butikofer, à la suite de ces observations, fit quelques calculs au sujet d'un moteur de Dion de 1 cheval 1/4.

Pour une soupape de 19 millimètres de diamètre utile et une tuyauterie de 14 millimètres de diamètre, il admet que, à une pression de $1^{k},2$, le débit de gaz brûlés par seconde est théoriquement de $0^{mc},045$. Il y aurait, suivant lui, une perte de charge de 60 p. 100 correspondant aux coudes et aux frottements dans la tuyauterie, si bien que l'on aurait réellement $3^{k},46$ de pression pendant une partie de la course.

M. Jules Deschamps contesta alors les affirmations de M. Butikofer. Suivant lui, la perte de charge est très faible pour un court tuyau et s'efface complètement devant la consommation de force vive que nécessite le changement de vitesse des gaz ; on peut donc se contenter de mesurer celle-ci.

Prenons par exemple un moteur de Dion alésé de $0^{m},08$ de diamètre et $0^{m},08$ de course, tournant à 1.500 tours, et faisant 2 chevaux. La vitesse moyenne du piston sera $25 \times 2 \times 0,08$, soit 4 mètres.

Prenons même 6 mètres pour tenir compte de la vitesse maxima. Supposons l'échappement de section dix fois moindre. Il y aura donc passage de vitesse de 6 à 60 mètres, augmentation de vitesse de 54 mètres.

En supposant que l'admission se fasse à 1 kilo de pression, la masse gazeuse admise par seconde est de 25 cylindrées, soit

$$0^{mc},08 \; \frac{30}{10.000} \; \frac{1^{k},3}{9,81} \; 25 = \frac{13}{10.000} \cdot$$

L'accroissement de force vive est donc :

$$\frac{1}{2} \; \frac{13}{10.000} \; 54^2 = 1^{k},96$$

Mettons 2 kilogrammètres, un par cheval. C'est bien peu de chose que ce déchet pour un moteur.

On pourrait objecter que l'on ne tient pas compte de l'excédent de masse dû au pétrole et aux gouttelettes qui alourdissent l'air aspiré. Ajoutons même celle de tout le pétrole. Un cheval pour un semblable moteur consomme environ 700 grammes par heure : on a $\dfrac{0^{gr},7}{3.600}$ par seconde, et a la vitesse de 54 mètres la force vive deviendra :

$$\frac{1}{2}\frac{1}{9,81}\,0,7\,\frac{54}{3.600} = 0^{kgm},30.$$

Ce ne sera pas beaucoup encore. les deux réunis ne donneront pas la cinquantième partie du travail net produit. Et c'est un maximum.

Si l'on veut compter autrement, on peut supposer, par exemple, que l'on cherche la différence de pression nécessaire pour produire dans un tuyau court cette même vitesse de 60 mètres. Prenons la vieille formule $\sqrt{2gh}$ bien suffisante en ce cas où l'écart permis est considérable.

Si $x$ est la pression cherchée en kilogrammes. 400 degrés la température des gaz, $\dfrac{1}{772}$ la densité, on a :

$$x^2 = 60^2 = 3.600 = 2g\,\frac{400 + 273}{273}\,772x.$$

Il suffirait donc d'une pression de $1^k,4$ a l'échappement pour produire cette vitesse considérable. C'est une contre-pression bien peu élevée que $0^k,4$, et si elle était ainsi réduite, elle pourrait être négligée.

M. Jules Deschamps conclut que, s'il y a des moteurs dont les soupapes d'échappement sont trop petites, ou l'on a mis coudes sur coudes et multiplié les étranglements inutiles en augmentant comme a plaisir un déchet toujours onéreux, la question d'agrandissement des soupapes et des conduits n'a peut être pas l'importance qu'on lui attribue.

Nous avons cité impartialement les diverses opinions formulées sur cette importante question. Notre avis personnel est que les calculs, en pareille matière, constituent peut-être une base un peu fragile. Il n'y a qu'une chose qui fasse loi : l'expérience directe.

Or, s'il est difficile d'agrandir indéfiniment les soupapes et les canalisations d'échappement d'un moteur donné, parce que l'on tomberait alors dans des dimensions inacceptables, on peut souvent les augmenter dans d'assez larges limites. Pourquoi ne se rencontrerait-il pas un jour pour le moteur à pétrole ce qui s'est trouvé pour la machine à vapeur : des expérimentateurs dévoués et disposant de moyens d'action suffisants pour faire des essais suivis. On pourrait alors déterminer empiriquement les sections les meilleures pour telles ou telles dimensions de moteurs et voir également l'influence des coudes et des rétrécissements de canalisation. Ce serait la meilleure façon de procéder, à beaucoup près.

Dans tous les cas, si M. Jules Deschamps ne partage pas l'opinion de MM. Georgia Knap et Butikofer au sujet des soupapes et des canalisations d'échappement, il se rapproche beaucoup plus d'eux lorsqu'il s'agit des soupapes et des conduites d'aspiration. Il fait remarquer que celles-ci sont généralement plus réduites et qu'il y a, pour le mélange gazeux aspiré, une perte de charge très sérieuse résultant de son passage à travers les nombreuses toiles mécaniques reconnues indispensables pour éviter les retours de flamme dans le carburateur. Il doit, suivant M. Deschamps, exister de ce fait une diminution d'environ 20 p. 100 dans le volume des gaz aspirés, en partant du volume théorique. De là une grosse diminution de la compression et par suite de la pression d'explosion.

Là encore notre opinion reste la même. Il faudrait absolument recourir à l'expérience directe et, dans tous les cas, il ne peut y avoir que des avantages à mettre toujours des soupapes et des tuyauteries aussi grandes que cela est pratiquement possible et à éviter le plus qu'on le peut les coudes dans les canalisations.

Au jour, prochain il faut l'espérer, où il y aura quelque part un laboratoire d'essai pour l'automobile, toutes ces questions seront élucidées.

Signalons aux opérateurs de ce laboratoire futur une expérience que nous n'avons pas pu faire au concours de moteurs et qui serait des plus intéressantes.

Jusqu'à présent, on ne sait pas très bien comment jouent exactement les soupapes des moteurs à pétrole. Voilà par exemple un moteur qui tourne à 800 tours par minute avec

des soupapes qui doivent, en un temps tellement court que
la pensée a peine à le concevoir, se soulever de 3, 4 ou
5 millimètres. Quelle est l'influence de l'inertie des soupapes
sur leur mouvement? On ne le sait pas et ce serait pourtant
utile à connaître.

C'est cependant une chose facile à déterminer expérimentalement. Il y a bien longtemps que M. Marey, l'éminent professeur au Collège de France, a construit des appareils chronophotographiques extrêmement perfectionnés qui lui ont
permis de noter, à des intervalles de temps très courts, les
différentes phases d'une infinité de phénomènes d'ordres
divers. C'est notamment grâce à ces appareils qu'il a pu faire
ses belles études sur le vol des oiseaux. Il serait très possible, par le même moyen, de déterminer d'une façon très
exacte la position des soupapes d'un moteur en marche
lorsque le piston occupe telle ou telle position. On pourrait
ainsi voir bien des choses utiles à connaître. Il suffirait de
prendre un moteur dont les queues de soupapes soient
visibles, un peu de peinture blanche pour tracer des repères
et on pourra, sans difficulté, noter les positions successives
des soupapes pour des positions données du piston.

Par la même occasion, les mêmes appareils chronophotographiques de Marey donneraient les variations de vitesse du
volant, ce qui serait aussi utile à préciser.

# ESSAIS DE VOITURES AUX JANTES

On a vu, par ce qui précède, quelle importance prendrait une série d'essais permettant de déterminer d'une façon complète l'anatomie du moteur à pétrole de motocycle ou d'automobile avec indication, basée sur des faits précis, des meilleures dimensions à donner, dans chaque cas, à chaque organe. C'est une étude qui se fera certainement un jour ou l'autre. Nous n'avons pu que l'esquisser, avec les moyens dont nous disposions, mais il suffira de voir le nombre de chiffres accumulés dans ce rapport pour se convaincre que pendant leurs trois mois de travail absolument gratuit et désintéressé les habiles expérimentateurs du concours n'ont pas perdu leur temps.

Pour les voitures, la tâche était encore bien plus complexe. Un essai de voiture devrait, en effet, comprendre, pour être complet, en outre de l'essai du moteur avec ou sans silencieux et de l'essai de la puissance aux jantes, une série d'expériences de rendement portant sur tous les organes intermédiaires de transmission. Il y aurait, incontestablement, un intérêt capital à déterminer, pour chacun des types usuels de voitures automobiles, le rendement du différentiel, celui des boîtes de changements de vitesse, celui des chaînes quand il en existe, celui des courroies quand il y a des courroies. Tout cela est parfaitement réalisable à la condition d'avoir un laboratoire parfaitement outillé, d'habiles expérimentateurs, du temps et de l'argent. Nous disposions des deux premiers éléments, mais il nous était impossible de demander aux hommes de bonne volonté qui faisaient ces essais sans rétribution aucune de les multiplier à l'infini et de les prolonger indéfiniment. Abandonnant leurs occupations coutumières, ils nous ont donné à leurs frais trois mois de leur temps, uniquement en vue de l'intérêt général. C'est assez beau et assez rare pour que nous devions nous en contenter.

Donc on ne trouvera guère dans les essais qui vont suivre que des essais de voitures aux jantes. Il n'y a qu'un petit nombre d'expériences dans lesquelles on a fait successivement l'essai de la puissance du moteur et l'essai de la puissance aux jantes. Ce petit nombre d'expériences a du moins permis de constater des faits très intéressants et de vérifier que, dans les voitures automobiles actuelles, on perd dans les transmissions à peu près la moitié de la puissance développée par les moteurs. Les constructeurs devront donc porter leur attention, jusqu'à présent un peu trop uniquement fixée sur l'étude des moteurs, sur les parties accessoires de la voiture. Il est dur d'avoir 8 chevaux disponibles sur l'arbre de transmission de son moteur et de n'en plus retrouver, aux jantes de ses roues, que quatre ou moins encore. Et l'on comprend alors comment le tricycle à pétrole, — qui n'a qu'une transmission absolument rudimentaire dans son type normal, lorsqu'il n'a qu'un pignon, qu'un différentiel et qu'une chaîne comme intermédiaires, — peut battre facilement des voitures qui semblent avoir des moteurs proportionnellement beaucoup plus puissants que le sien. La supériorité, la facilité d'emploi et la bonne marche du tricycle à pétrole résultent uniquement de sa simplicité. On est en train de détruire cette simplicité bienheureuse. On veut mettre sur les tricycles des moteurs à circulation d'eau, des pompes et des radiateurs. On leur ajoute des changements de vitesse et tous les accessoires de la voiture automobile. Résultat : Cela marche plus mal. On complique les choses tandis qu'il faudrait, au contraire, s'efforcer de les simplifier.

En ce qui nous concerne, nous n'avions qu'à prendre les voitures comme elles nous étaient présentées et qu'à les essayer de notre mieux. Pour la plupart, les propriétaires de ces voitures n'auraient été que très médiocrement satisfaits de nous voir enlever leur carrosserie, et démonter moteur, différentiel et changements de vitesse pour procéder à des essais de détail. La plupart ne pouvaient, du reste, se dessaisir de leurs véhicules que pendant un temps très court. Dans ces conditions, on faisait l'essai aux jantes et pas autre chose. Le freinage des moteurs n'a été effectué que lorsqu'il pouvait se faire sans rien démonter ou lorsque des constructeurs nous ont apporté successivement leur moteur et leur voiture.

Qu'on excuse les initiateurs du concours de n'avoir pu faire mieux. Notre seule ambition a été d'amorcer en quelque sorte le vaste programme de l'étude de la voiture automobile et de soulever un coin du voile. D'autres viendront, qui feront mieux dans l'avenir.

Voiture Gobron-Brillié, voiture engagée par la Société des moteurs Gobron Brillié, 13, quai de Boulogne, à Boulogne-sur-Seine. — Cette voiture est actionnée par un moteur Gobron Brillié analogue à celui dont on trouvera plus haut la description et les essais, mais de puissance un peu supérieure.

Les essais ont été faits à la petite vitesse.

Poids sur les roues motrices : 500 kilogrammes environ.

*Premier essai.* — Essai fait à la petite vitesse.

Nombre moyen de tours par minute : 108 (vitesse correspondante : $9^{km},720$ à l'heure).

Poids porté par le frein en kilogrammes. . . . . . .     20,830

Travail absorbé par le frein en une minute . .   $22.496^{km}$
Travail absorbé par le rouleau en une minute.   $1.857^{km}$

Travail total en une minute. . . . . . . . . . . .   $24.353^{km}$

Puissance en kilogrammètres par seconde : 406 ; c'est-à-dire en poncelets 4 ou en chevaux-vapeur 5,3).

*Deuxième essai.* — Essai fait à la petite vitesse.

Nombre moyen de tours par minute : 125 (vitesse correspondante : $11^{km},250$ à l'heure).

Poids porté par le frein en kilogrammes. . . . . .   15,180

Travail absorbé par le frein en une minute . .   18.975$^{km}$
Travail absorbé par le rouleau en une minute.    2.150$^{km}$

Travail total en une minute. . . . . . . . . . . .   21.125$^{km}$

Puissance en kilogrammètres par seconde : 352 ; c'est à-dire en poncelets 3,5 ou en chevaux vapeur 4.6).

VOITURE KLARS, engagée par M. Klaus. 52, rue de Paris, à Boulogne sur Seine. — Moteur à un seul cylindre, horizontal, allumage électrique, refroidissement par ailettes sur le cylindre et circulation d'eau sur la culasse.
Poids sur les roues motrices : environ 200 kilogrammes.
Les essais ont été faits à la petite vitesse.
Voiture ayant beaucoup servi.

*Premier essai.* — Essai fait à la petite vitesse.
Nombre moyen de tours par minute : 149 (vitesse correspondante : 13$^{km}$,410 à l'heure).

Poids porté par le frein en kilogrammes . . . . . .   5.180

Travail absorbé par le frein en une minute . .   7.718$^{km}$
Travail absorbé par le rouleau en une minute.    1.490$^{km}$

Travail total en une minute . . . . . . . . . . .   9.208$^{km}$

Puissance en kilogrammètres par seconde : 153 ; c'est à-dire en poncelets 1,5 ou en chevaux vapeur 2 .
*Deuxième essai.* — Essai fait à la petite vitesse.
Nombre moyen de tours par minute : 112 vitesse correspondante : 10 kilomètres à l'heure).

Poids porté par le frein en kilogrammes . . . . . .   8,10

Travail absorbé par le frein en une minute . .   9.162$^{km}$
Travail absorbé par le rouleau en une minute.    1.120$^{km}$

Travail total en une minute . . . . . . . . . . .   10.282$^{km}$

Puissance en kilogrammètres par seconde : 171 ; c'est-à-dire en poncelets 1,7 ou en chevaux-vapeur 2 1/4).

VOITURE RAOUVAL, engagée par la Société de mécanique in-

Fig. 14. — La voiture Raouval.

Fig. 15. — Châssis d'une voiture Raouval, vu de côte.

Fig. 16. — Châssis d'une voiture Raouval, vu de trois quarts arrière.

Fig. 17. — Châssis d'une voiture Raouval, vu d'arrière.

dustrielle d'Anzin Nord. — Cette voiture est du poids de

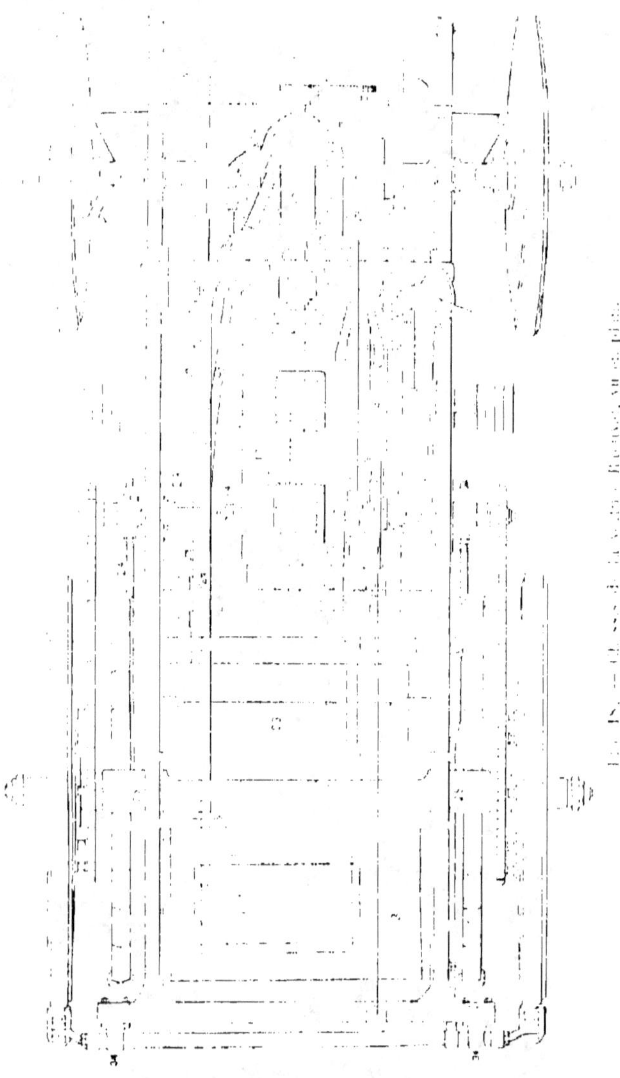

1.100 kilogrammes, le poids sur l'arrière étant de 700 kilogrammes environ. Le moteur, licence du Pygmée de Léo Le

febvre, est a deux cylindres verticaux, allumage électrique,
refroidissement par circulation d'eau. Chaque cylindre a

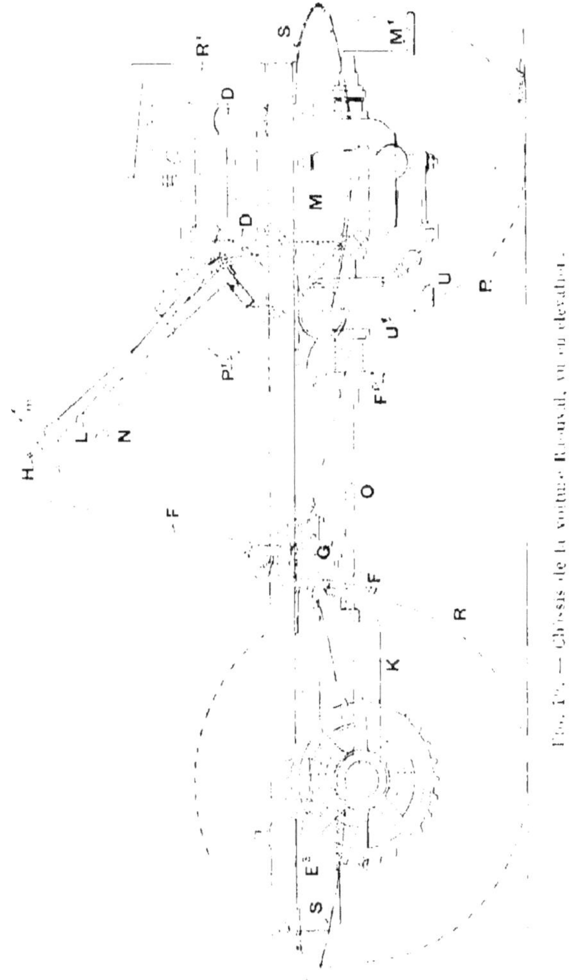


Fig. 12. — Châssis de la voiture Renault, vu en élévation.

110 millimètres d'alésage et 150 millimètres de course, les
soupapes actuelles ayant chacune 30 millimètres de diamètre,
avec 5 millimètres de levée pour l'admission et 7 millimètres

pour l'échappement. Ce moteur n'a pas été freiné par nous par suite d'une avarie momentanée survenue le jour de l'essai au dynamomètre enregistreur dont l'eau s'était congelée. M. Varlet, ingénieur de la Société, a déclaré avoir obtenu au frein à corde de 600 à 630 kilogrammètres par seconde, soit de 8 à 8,4 chevaux-vapeur, à 700 tours, — chiffres que nous donnons à titre d'indication.

La voiture a fait plus de 10.000 kilomètres.

Essais faits à la petite vitesse :

Nombre moyen de tours par minute : 82 ; vitesse correspondante : 7$^{km}$,4 à l'heure.

Poids porté par le frein en kilogrammes. . . . . . 25,175

Travail absorbé par le frein en une minute . . 20.726$^{kgm}$
Travail absorbé par le rouleau en une minute. 1.828$^{kgm}$
_______
Travail total en une minute. . . . . . . . . . . . . . 22.554$^{kgm}$

Puissance en kilogrammètres par seconde : 376 ; c'est-à-dire en poncelets 3,8 ou en chevaux-vapeur 5.


VOITURES KOCH, engagées par M. Koch, 37, rue Chauveau, à Neuilly.

### Première voiture Koch

Moteur horizontal à deux cylindres opposés, fonctionnant au pétrole lourd, allumage par tubes incandescents, refroidissement par circulation d'eau. Poids sur l'arrière : 800 kilogrammes environ.

*Premier essai.* Essai fait à la petite vitesse.

Nombre moyen de tours par minute : 85 ; vitesse correspondante : 7$^{km}$,650 à l'heure).

Poids porté par le frein en kilogrammes. . . . . . 16,285

Travail absorbé par le frein en une minute. . 13.842$^{kgm}$
Travail absorbé par le rouleau en une minute. 2.091$^{kgm}$
_______
Travail total en une minute. . . . . . . . . . . . . 15.933$^{kgm}$

Puissance en kilogrammètres par seconde : 265 ; c'est-à-dire en poncelets 2,65 ou en chevaux-vapeur 3,6.

*Deuxième essai*. Essai fait à la petite vitesse.

Nombre moyen de tours par minute : 77 ; vitesse correspondante : 7 kilomètres à l'heure.

Poids porté par le frein en kilogrammes. . . . .    19,285

Fig. 80. — Voiture Koch au pétrole lampant.

Travail absorbé par le frein en une minute.   14.849$^{kgm}$
Travail absorbé par le rouleau en une minute.   1.894$^{kgm}$
_______________
Travail total par une minute. . . . . . . . . . . .   16.743$^{kgm}$

Puissance en kilogrammètres par seconde : 279 ; c'est à dire en poncelets 2,8 ; ou en chevaux-vapeur 3,3,4.

*Troisième essai.* Essai fait à la petite vitesse.

Nombre moyen de tours par minute : 74  vitesse corres
pondante : 7 kilomètres à l'heure .

Poids porté par le frein en  kilogrammes. . . . .   26,285

Fig. 21. — Châssis d'une voiture Koch au pétrole lampant.

Travail absorbé par le frein en une minute. .   15.011$^{kgm}$
Travail absorbé par le rouleau en une minute.    1.820$^{kgm}$

Travail total par minute. . . . . . . . . . . . . . .   16.831$^{kgm}$

Puissance en kilogrammètres par  seconde : 280; c'est-à-
dire en poncelets 2.8 ou en chevaux vapeur 3 : 4 .

*Quatrième essai*. Essai fait à la moyenne vitesse.

Nombre moyen de tours par minute : 144 (vitesse correspondante : 13 kilomètres à l'heure).

Poids porté par le frein en kilogrammes. . . . .    8,285

Travail absorbé par le frein en une minute.   12.018$^{k-m}$
Travail absorbé par le rouleau en une minute.    3.442$^{k-m}$

Travail total par minute. . . . . . . . . . . . .   15.460$^{k-m}$

Puissance en kilogrammètres par seconde : 258 ; c'est-à-dire en poncelets 2,6 (ou en chevaux-vapeur 3,44).

*Cinquième essai*. Essai fait à la moyenne vitesse.

Nombre moyen de tours par minute : 136 (vitesse correspondante : 12$^{km}$,240 à l'heure).

Poids porté par le frein en kilogrammes. . . . .    9,285

Travail absorbé par le frein en une minute. .   12.628$^{k-m}$
Travail absorbé par le rouleau en une minute.    3.345$^{k-m}$

Travail total par minute. . . . . . . . . . . . .   15.973$^{k-m}$

Puissance en kilogrammètres par seconde : 266 ; c'est-à-dire en poncelets 2,66 (ou en chevaux-vapeur 3,54).

### *Deuxième voiture Koch*

Moteur analogue au précédent, de puissance un peu moindre. Voiture plus légère dont le poids sur l'arrière est de 650 kilogrammes environ.

*Premier essai*. Essai fait à la petite vitesse.

Nombre moyen de tours par minute : 109 (vitesse correspondante : 9$^{km}$,800 à l'heure).

Poids porté par le frein en kilogrammes. . . . . .   12,270

Travail absorbé par le frein en une minute. .   13.374$^{k-m}$
Travail absorbé par le rouleau en une minute.    1.991$^{k-m}$

Travail total en une minute. . . . . . . . . . . .   15.365$^{k-m}$

Puissance en kilogrammètres par seconde : 256 ; c'est-à-dire en poncelets 2,56 (ou en chevaux-vapeur 3,4).

*Deuxième essai*. Essai fait à la petite vitesse.

Nombre moyen de tours par minute : 119 (vitesse correspondante : 10$^{km}$,700 à l'heure).

Poids porté par le frein en kilogrammes. . . . . .     10,270

Travail absorbé par le frein en une minute. . 12.401$^{km}$
Travail absorbé par le rouleau en une minute.    2.174$^{km}$
_______
Travail total en une minute. . . . . . . . . . .    14.575$^{km}$

Puissance en kilogrammètres par seconde : 243 ; c'est-à-dire en poncelets 2,43 ou en chevaux-vapeur 3,2).

*Troisième essai*. Essai fait à la moyenne vitesse.

Nombre moyen de tours par minute : 198 (vitesse correspondante : 17$^{km}$,820 à l'heure).

Poids porté par le frein en kilogrammes. . . . . .     5,270

Travail absorbé par le frein en une minute. . 10.435$^{km}$
Travail absorbé par le rouleau en une minute.    3.650$^{km}$
_______
Travail total en une minute. . . . . . . . . . .    14.085$^{km}$

Puissance en kilogrammètres par seconde : 235 ; c'est-à-dire en poncelets 2,35 ou en chevaux-vapeur 3,1.

Voiture Delahaye, engagée par M. Châle, 7, rue de Médicis, Paris. — Moteur dont nous avons donné précédemment les résultats de freinage.

Poids sur les roues motrices : 800 kilogrammes environ.

*Premier essai*. Essai fait à la petite vitesse.

Nombre moyen de tours par minute : 82 (vitesse correspondante : 7$^{km}$,4 à l'heure).

Poids porté par le frein en kilogrammes. . . . .     30,430

Travail absorbé par le frein en une minute. . . 24.953$^{km}$
Travail absorbé par le rouleau en une minute.    2.017$^{km}$
_______
Travail total par minute. . . . . . . . . . . . .    26.970$^{km}$

Puissance en kilogrammètres par seconde : 450 : c'est-à-dire en poncelets 4,5 ou en chevaux-vapeur 6,.

*Deuxième essai.* Essai fait à la moyenne vitesse.

Nombre moyen de tours par minute : 224. Vitesse correspondante : 20 kilomètres à l'heure.

Poids porté par le frein en kilogrammes. . . . .   10,220

Travail absorbé par le frein en une minute. .   22.993$^{\text{km}}$
Travail absorbé par le rouleau en une minute.   5.510$^{\text{km}}$

Travail total par minute. . . . . . . . . . .   28.503$^{\text{km}}$

Puissance en kilogrammètres par seconde : 473 ; c'est-à-dire en poncelets 4,73 (ou en chevaux-vapeur 6,3).

FIG. 32. — Voiture Peugeot.

VOITURE PEUGEOT, engagée par M. Brandon, 59, rue de Provence, Paris. — Moteur à deux cylindres horizontaux, allumage par tubes incandescents, refroidissement par circulation d'eau.

Cette voiture pèse 980 kilogrammes, le poids sur les roues motrices est de 600 kilogrammes environ. Forme double phaéton.

Voiture ayant longuement roulé.

*Premier essai.* Essai fait à la petite vitesse.

Nombre moyen de tours par minute : 92. Vitesse correspondante : 8$^k$,3 à l'heure.

Poids porté par le frein en kilogrammes. . . . . . . 14,775

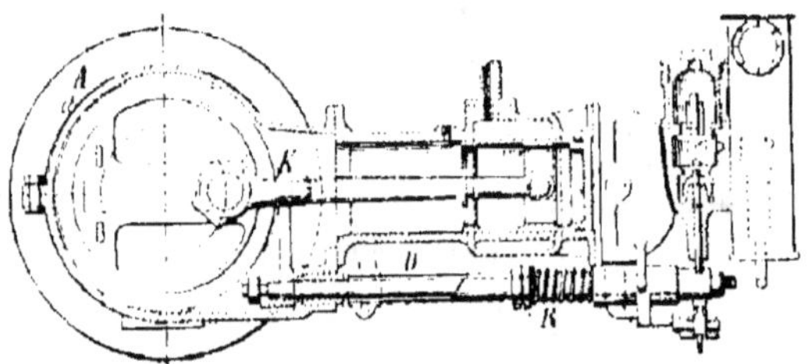

Fig. 23. — Moteur Peugeot, vu en coupe.

Travail absorbé par le frein en une minute. . 13.593$^{kgm}$
Travail absorbé par le rouleau en une minute.  1.830$^{kgm}$
_________________________________

Travail total par minute. . . . . . . . . . . . . 15.423$^{kgm}$

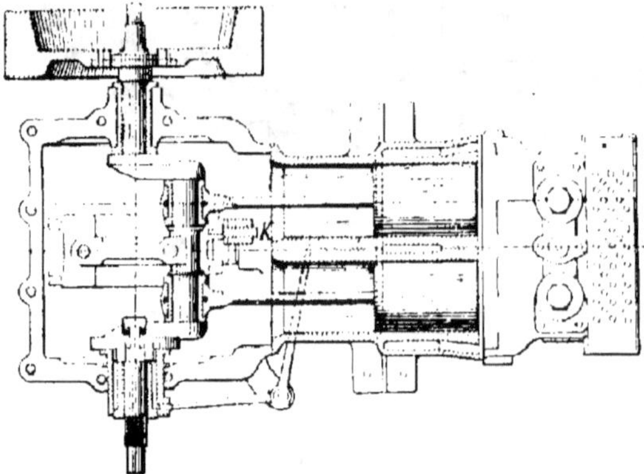

Fig. 24. — Moteur Peugeot, vu en plan.

Puissance en kilogrammètres par seconde : 257 ; c'est-à-dire en poncelets 2,6 ou en chevaux-vapeur 3 1/2.

*Deuxième essai.* Essai à la petite vitesse.

Nombre moyen de tours par minute : 85. Vitesse correspondante : 7$^{km}$,650 à l'heure.

Poids porté par le frein en kilogrammes. . . . . . .    16,275

Travail  absorbé par le frein en une minute. .   13.794$^{kgm}$
Travail absorbé par le rouleau en une minute.     1.680$^{kgm}$
                                                 —————
Travail  total par minute. . . . . . . . . . . . .    15.474$^{kgm}$

Puissance en kilogrammètres par seconde : 258 ; c'est-à-dire
en poncelets 2,6 ou en chevaux-vapeur 3 1/2.

*Troisième essai*. Essai fait à la moyenne vitesse.

Nombre de tours par minute : 154 vitesse correspondante :
13$^{km}$,9 à l'heure .

Poids porté par le frein  en  kilogrammes. . . . .    8,765

Travail absorbé par le frein en une minute. .   13.513$^{kgm}$
Travail absorbé par le rouleau en une minute.    3.049$^{kgm}$
                                                 —————
Travail total par minute. . . . . . . . . . . . . .   16.562$^{kgm}$

Puissance en kilogrammètres par seconde . 276 ;  c'est-à-
dire en poncelets 2,76 ou en chevaux-vapeur 3,68 .


AVANT-TRAIN MOTEUR AMIOT-PÉNEAU. — Cet avant-train moteur
système Amiot-Péneau a été particulièrement malaisé à freiner
aux jantes par ce fait que les butées de notre appareil avaient
été disposées plutôt pour des véhicules ayant les roues d'arrière motrices. La bonne position des roues sur les rouleaux
a été difficile à maintenir et ces essais ne sont donnés ici qu'à
titre de document. Nous rappelons que le moteur est un
« Cyclope » de Daniel Augé.

Les roues de cet avant-train, qui constituent les roues
avant du véhicule, sont à la fois motrices et directrices et la
direction s'obtient en faisant varier l'orientation des roues
sans entraîner l'appareil moteur, ce résultat étant obtenu
par une transmission par arbre flexible.

L'avant-train entraîne la voiture à la fois par les roues
avant et par les roues arrière, l'essieu arrière étant relié par
une tige à l'avant-train.

Les roues d'avant peuvent prendre toutes les orientations
voulues grâce à un système de direction articulée analogue à

ceux qui commandent les roues directrices d'une automobile quelconque.

On voit aisément quel est le mode de fonctionnement de cet avant-train dont les roues sont à la fois directrices et motrices. Quelle que soit l'orientation de ces roues, et quels

Fig. 25. — Avant-train moteur Amiot et Peniau.

que soient aussi les déplacements verticaux de l'appareil moteur sous l'influence des trépidations dues aux inégalités du sol ou à la marche du moteur lui-même, les flexibles transmettent toujours le mouvement aux pignons et, par suite, aux deux roues de l'avant-train.

Une des conditions les plus essentielles du bon fonctionnement d'un véhicule à avant-train moteur est que la carros-

serie proprement dite n'ait a subir aucune réaction susceptible de la détériorer. Et cette condition n'a pas toujours été
suffisamment réalisée dans certains dispositifs d'avant-trains
existants.

Dans le système Amiot et Péneau, la carrosserie se trouve

Fig. 26. — Avant-train moteur Amiot et Péneau. Le mécanisme découvert.

portée par un véritable chassis sur lequel elle repose par l'intermédiaire de ressorts. Voici comment :

L'avant-train est relié à l'essieu arrière par une solide tige
qui est tenue par un manchon porté par cet essieu. L'ensemble
des quatre roues et de l'appareil moteur forme ainsi un tout,
indépendant de la carrosserie, qui n'a à supporter aucun effort
de traction. La caisse repose sur ce chassis par l'intermédiaire

de deux systèmes de ressorts et le véhicule se trouve ainsi
transformé en une véritable voiture automobile sans exiger

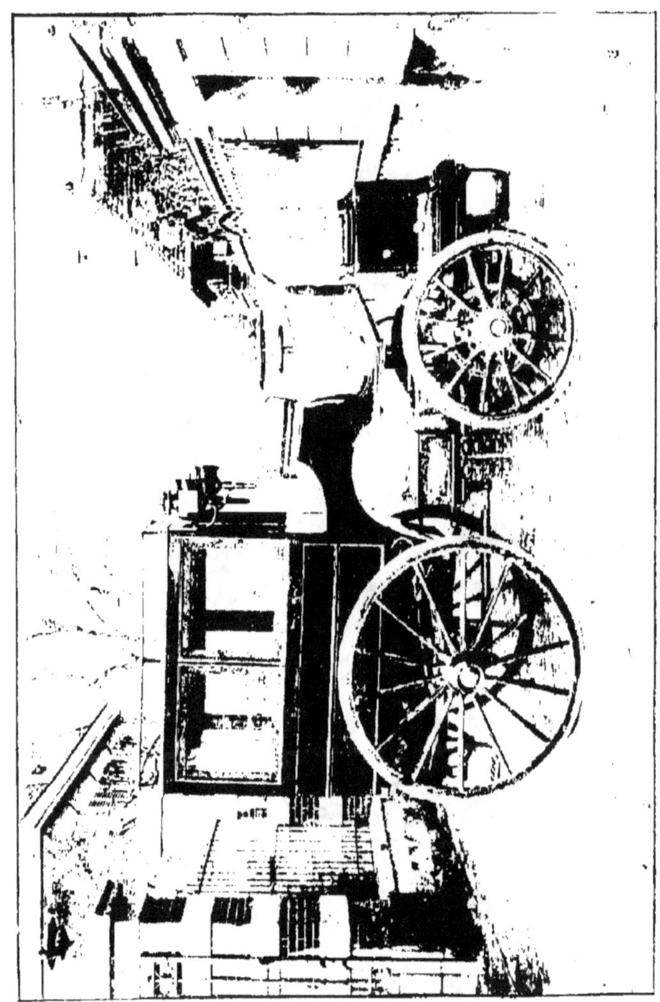

de la part de la carrosserie aucune solidité spéciale.
Cette précaution, qui n'est pas indispensable dans le cas où
l'on attelle la voiture à un tracteur indépendant, jouant exac-

tement le rôle du cheval, devient nécessaire dans le cas où
l'on rend les roues d'avant motrices. On ne peut alors songer

Fig. 24. — Mise en place de l'avant-train Amiot et Peugeot.

à transmettre l'effort de traction entre l'avant et l'arrière par
l'intermédiaire de la carrosserie sans danger pour la durée du
véhicule, et le dispositif fort simple adopté ici nous semble

résoudre parfaitement le problème sans nuire d'ailleurs à l'aspect de la voiture, comme on peut s'en rendre compte sur nos gravures.

Les photographies que nous reproduisons montrent l'avant-train Amiot et Péneau appliqué à un omnibus de famille à six places. Les roues d'avant du véhicule ont été enlevées et l'avant-train mis à leur place.

D'après la description que nous avons donnée du mode de fixation de l'avant-train au véhicule, on voit qu'il n'est besoin d'apporter à ce dernier aucune modification. Après avoir enlevé les roues avant en soutenant l'omnibus au moyen d'un double chevalet, on approche l'avant-train qu'un ouvrier conduit à la façon d'une brouette au moyen de deux tiges de fer, introduites dans des trous ménagés de chaque côté, et qui jouent le rôle de brancards. Une de nos photographies montre cette manœuvre. Le mouvement est rendu des plus faciles par ce fait que le centre de gravité de l'avant-train se trouve placé très près dans le plan vertical contenant l'essieu, mais en avant de ce plan. En sorte que l'avant-train, abandonné à lui-même, tend à chavirer en avant, mais que la force nécessaire pour le soutenir est peu considérable.

On approche ainsi l'avant-train jusque sous l'avant de la voiture et l'on fixe le plancher du siège sur les deux sortes de plates-formes que l'on voit au-dessus du mécanisme, reliées par un arc métallique. On serre également les boulons d'attache des manchons qui tiennent la tige métallique dont nous avons parlé plus haut et qui relie l'avant-train à l'essieu arrière du véhicule. Puis on met en place le volant de direction et les champignons des freins qui passent dans des trous pratiqués dans le plancher du siège.

En un quart d'heure environ, on peut ainsi facilement faire la transformation de la voiture ordinaire en voiture automobile, ou inversement.

Ce système d'avant-train moteur permet donc de transformer instantanément n'importe quel véhicule à chevaux en une voiture automobile; son mode de fixation à l'essieu arrière, laissant la carrosserie absolument à l'abri des efforts de traction, permettrait aussi bien d'obtenir des voitures légères et rapides que des véhicules lourds à marche plus pondérée. C'est surtout vers ce second but que les inventeurs font tendre leurs efforts.

Voici les résultats des essais de cet avant-train moteur.

Poids sur les roues motrices 750 kilogrammes.

*Premier essai.* Essai fait à la petite vitesse.

Nombre moyen de tours par minute : 79; vitesse correspondante : 7 kilomètres à l'heure.

Poids porté par le frein en kilogrammes. . . . . . 15.275

Travail absorbé par le frein en une minute. . 12.067
Travail absorbé par le rouleau en une minute. 2.327
                                                  ———
Travail total par minute. . . . . . . . . . . . . . . 14.394

Puissance en kilogrammètres par seconde : 240 ; c'est-à-dire en poncelets 2.4 ou en chevaux-vapeur 3,2.

*Deuxième essai.* Essai fait à la moyenne vitesse.

Nombre moyen de tours par minute : 159; vitesse correspondante : 14km,300 à l'heure.

Poids porté par le frein en kilogrammes. . . . . . 6.275

Travail absorbé par le frein en une minute. . . 9.977
Travail absorbé par le rouleau en une minute. 4.685
                                                  ———
Travail total par minute. . . . . . . . . . . . . . . 14.662

Puissance en kilogrammètres par seconde : 244 ; c'est-à-dire en poncelets 2.44 ou en chevaux-vapeur 3,25.

VOITURE PANHARD-LEVASSOR. — Voiture du type 12 chevaux dit « Paris-Amsterdam », engagée par M. le baron de Zuylen : voiture ayant fourni un assez grand nombre de longues étapes ; bon état d'entretien ; poids sur l'arrière environ 675 kilogrammes. Signalons le résultat obtenu en moyenne vitesse, supérieur au résultat obtenu en petite vitesse.

*Premier essai.* Essai fait à la petite vitesse.

Nombre moyen de tours par minute : 113 ; vitesse correspondante : 10km,200 à l'heure.

Poids porté par le frein en kilogrammes.... 19,240

Travail absorbé par le frein en une minute.. 22.041 kgm

Travail absorbé par le rouleau en une minute. 2.443 kgm

Travail total par minute.............. 24.484 kgm

Puissance en kilogrammètres par seconde : 408 ; c'est-à-dire en poncelets 4,08 ou en chevaux-vapeur 5,4.

*Deuxième essai.* Essai fait à la moyenne vitesse.

Nombre moyen de tours par minute : 201 vitesse correspondante : 20 kilomètres à l'heure.

Poids porté par le frein en kilogrammes...... 11,240

Travail absorbé par le frein en une minute.. 22.592 kgm

Travail absorbé par le rouleau en une minute. 4.345 kgm

Travail total par minute.............. 26.937 kgm

Puissance en kilogrammètres par seconde : 450 ; c'est-à-dire en poncelets 4,5 ou en chevaux-vapeur 6.

Voiture Panhard-Levassor. — Voiture type 8 chevaux, engagée par M. le baron de Zuylen ; voiture d'usage journalier ayant fourni de longs parcours. Bon état d'entretien. Poids sur l'arrière environ 600 kilogrammes.

*Premier essai.* Essai fait à la petite vitesse.

Nombre moyen de tours par minute : 84 (vitesse correspondante 7km,500 à l'heure).

Poids porté par le frein en kilogrammes..... 19,240

Travail absorbé par le frein en une minute... 16.162 kgm

Travail absorbé par le rouleau en une minute. 1.681 kgm

Travail total par minute.............. 17.843 kgm

Puissance en kilogrammètres par seconde : 297 ; c'est-à-dire en poncelets 3 ou en chevaux-vapeur 4.

*Deuxième essai.* Essai fait à la moyenne vitesse.

Nombre moyen de tours par minute : 122 vitesse correspondante : 11 kilomètres à l'heure.

Poids porté par le frein en kilogrammes...... 9.240

Travail absorbé par le frein en une minute... 11.273$^{kg}$ »
Travail absorbé par le rouleau en une minute. 2.413$^{kg}$ »

Travail total par minute................ 13.686$^{kg}$ »

Puissance en kilogrammètres par seconde : 228 ; c'est à dire en poncelets 2,3 ou en chevaux vapeur 3..

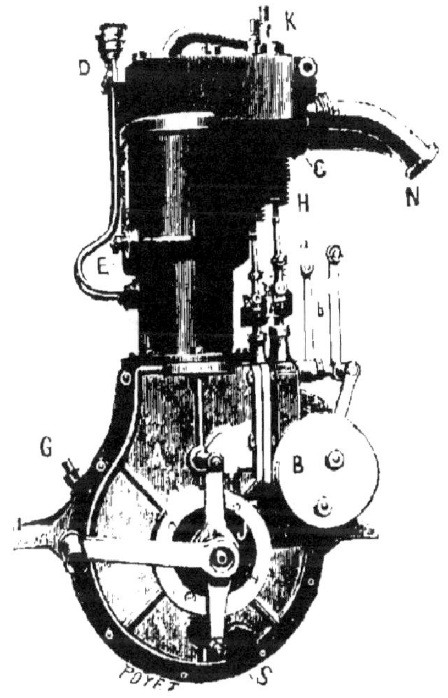


Fig. 29. — Le moteur Rochet.

VOITURE ROCHET. — Engagée par la Compagnie générale des Cycles et Automobiles Rochet, 23, avenue des Champs Elysées, Paris.

Cette voiture est du type 6 chevaux de ce constructeur; très bon état d'entretien; poids sur l'arrière 575 kilogrammes.

Le moteur, du système Rochet, est à deux cylindres verticaux avec manivelles calées à 180 degrés.

Le mélange explosif se forme dans un carburateur spécial à niveau constant et à pulvérisation.

L'allumage de ce mélange est obtenu par une étincelle élec-

Fig. — La voiture Rochet 1.

trique d'induction. Un appareil d'avance à l'allumage B permet de faire varier dans de grandes limites le moment de l'explosion.

(1) Cette figure et les trois suivantes sont extraites de l'*Automobile théorique et pratique* de Baudry de Saunier. (t. II.)

Les soupapes sont très facilement accessibles. Elles sont placées en k à la partie supérieure du moteur.

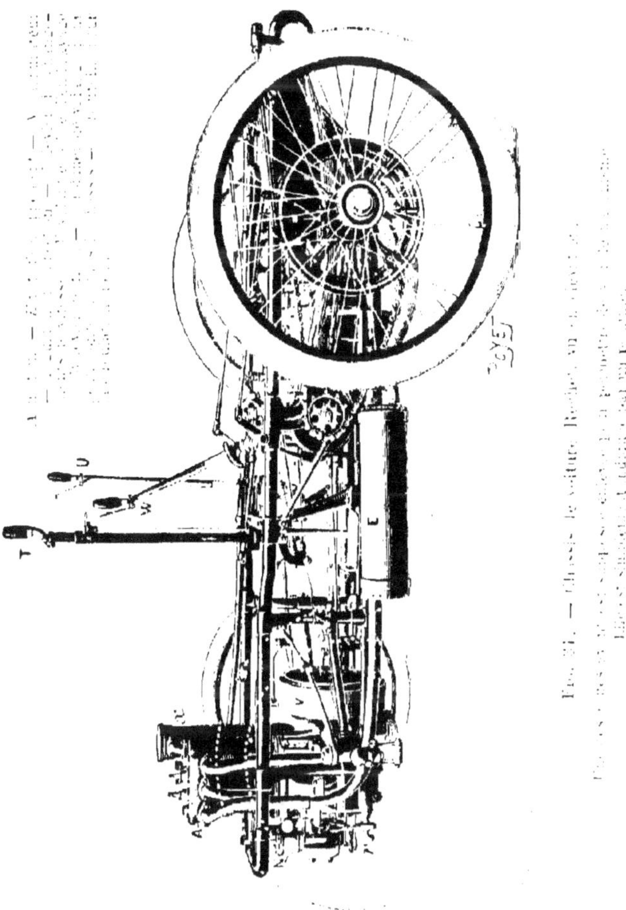

FIG. 31. — Châssis de voiture Roche, vu en dessous.

Les soupapes d'échappement sont commandées mécaniquement, les soupapes d'admission sont automatiques.

Le régulateur agit par tout ou rien. Si la vitesse tend à augmenter, les petits leviers $a, b$ sont mis en action par les olives du régulateur J et font culbuter les tiges qui devraient sou-

lever les soupapes d'échappement ; l'échappement est inter-
rompu et par suite également l'admission.

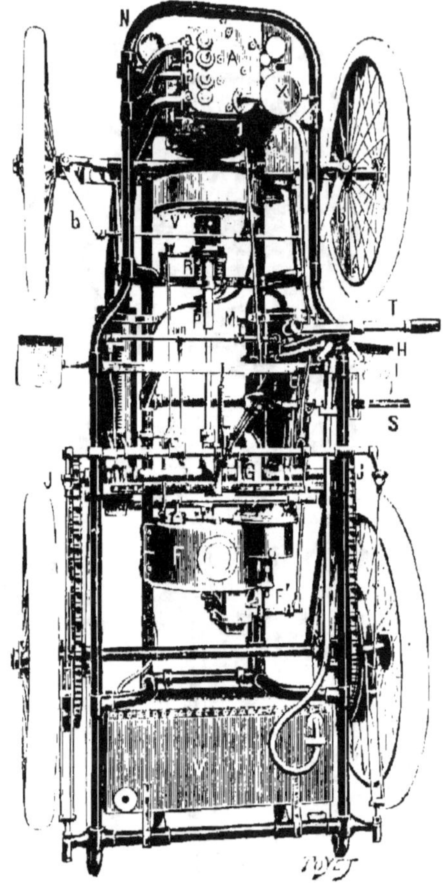

FIG. 32. — Châssis de voiture Rochet, vu en dessus.

A boîte à soupapes — I carter des changements de vitesse —
J biellette de commande de l'appareil de changement de vitesse
— G différentiel — H manette commandant l'avance à l'allumage — I ralenti seul — M pignons de change — M pédale de débrayage et de frein — N tube formant châssis —
P manchon d'accouplement — R ressorts de l'embrayage —
S levier de changement de vitesse — V réservoir d'eau —
a a' soupapes d'échappement c c' soupapes d'aspiration au-
dessus desquelles sont les bougies.

Le graissage est obtenu par barbotage. L'huile est intro-
duite dans le carter par la tubulure G. Un regard S permet

d'en vérifier le niveau. Deux petites tubulures D permettent
de décrasser les segments par l'introduction de quelques

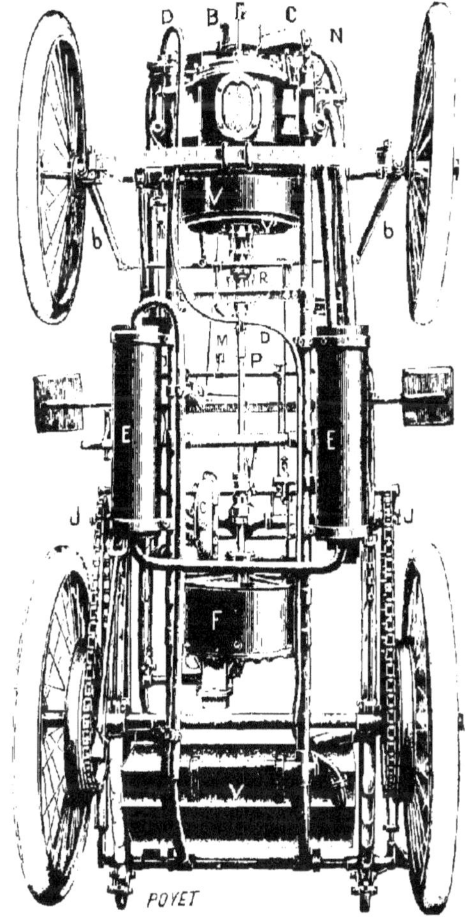



Fig. 33. — Chassis de voiture Rochet, vu en dessous.

A regard pour atteindre les têtes des bielles — R régulateur —
I pièce d'allumage — b tubes de circulation d'eau — E,E' pots
d'échappement — I carter contenant les changements de vitesse
— L différentiel — JJ tendeurs de chaînes — V pédale de débrayage et de frein — P manette d'accouplement — R ressorts
de l'embrayage — A embrayage à cône touche — V came male
— b nielle de direction

gouttes de pétrole au moment de la mise en route.

Le refroidissement est fait par une circulation d'eau oblente par une petite pompe actionnée par le moteur. Quelques litres d'eau de remplacement tous les 50 kilomètres suffisent à assurer la marche très régulière du moteur.

*Premier essai.* Essai fait à la petite vitesse.

Nombre moyen de tours par minute : 88 (vitesse correspondante : 8 kilomètres à l'heure).

Poids porté par le frein en kilogrammes. . . . . 18,240

Travail absorbé par le frein en une minute. . 16.051$^{km}$
Travail absorbé par le rouleau en une minute. 1.736$^{km}$

Travail total par minute. . . . . . . . . 17.787$^{km}$

Puissance en kilogrammètres par seconde : 296 ; c'est à dire en poncelets 2.96 ou en chevaux vapeur 3,9.

*Deuxième essai.* Essai fait à la moyenne vitesse.

Nombre moyen de tours par minute : 164 (vitesse correspondante : 14$^m$.800 à l'heure).

Poids porté par le frein en kilogrammes . . . . 7.240

Travail absorbé par le frein en une minute. . 11.873$^{km}$
Travail absorbé par le rouleau en une minute. 3.234$^{km}$

Travail total par minute. . . . . . . . . . . 15.107$^{km}$

Puissance en kilogrammètres par seconde : 252 ; c'est à dire en poncelets 2.5 ou en chevaux-vapeur 3,36).

VOITURE PENELLE, engagée par M. Penelle, constructeur à Melun ; cette voiture est munie d'un moteur « Le Touriste », système J. Bouché. Cette voiture a fait un long usage et, au moment de l'essai, les engrenages devaient se trouver dans un état défectueux, ainsi que le prouve l'écart constaté entre la petite et la moyenne vitesse.

Poids sur les roues motrices : 600 kilogrammes.

*Premier essai.* Essai fait à la petite vitesse.

Nombre moyen de tours par minute : 65 (vitesse correspondante : 6 kilomètres à l'heure).

Poids porté par le frein en kilogrammes. . . . . 14.270

Travail absorbé par le frein en une minute. . 9.275$^{km}$
Travail absorbé par le rouleau en une minute. 1.325$^{km}$
________
Travail total par minute. . . . . . . . . . 10.600$^{km}$

Puissance en kilogrammètres par seconde : 177 ; c'est-à-dire en poncelets 1,77 (ou en chevaux vapeur 2,36).

*Deuxième essai.* Essai fait à la moyenne vitesse.

Nombre moyen de tours par minute : 116. Vitesse correspondante : 10$^{m}$,500 à l'heure.

Poids porté par le frein en kilogrammes. . . . . 4.270

Travail absorbé par le frein en une minute. . . 4.953$^{km}$
Travail absorbé par le rouleau en une minute. 2.294$^{km}$
________
Travail total par minute. . . . . . . . . 7.247$^{km}$

Puissance en kilogrammètres par seconde : 121 ; c'est-à-dire en poncelets 1,2 ou en chevaux vapeur 1,6.

# CONCLUSION

Actuellement la situation de l'industrie automobile est, en
France, des plus bizarres. L'engouement du public pour l'au
tomobile ne s'est pas ralenti un seul instant, disent les uns.
La preuve est que certaines maisons, dont il est inutile de
citer le nom puisque tout le monde le connaît, n'arrivent pas
à suffire aux commandes. Même en ne se jetant pas le moins
du monde à la tête du client, — on pourrait même reprocher
à quelques unes d'entre elles le défaut contraire, — elles ont
du travail assuré pour de longs mois, presque des années.
Elles vendent pourtant leur marchandise fort cher, pour ne
pas dire à des prix fabuleux.

Pardon, répondent les autres, mais vous citez les maisons prospères, celles qui tiennent la tête du marché. Combien y en a t il, à côté d'elles, qui n'arrivent même pas à
écouler les voitures fabriquées qu'elles ont en magasin. Ces
voitures marchent et le public n'en veut pas. Lisez donc les
*Petites Affiches*, journal d'annonces légales. Il n'y est question que de malheurs. La Société X... a fait la culbute ; la Société
Y... convoque ses actionnaires pour leur proposer une dissolu-
tion anticipée ; la Société Z... n'est pas en faillite, mais elle
vend ses ateliers, son matériel et tout ce qu'elle peut vendre.
Si vous appelez cela une situation prospère ?...

Et le singulier de la chose, c'est que tout le monde a raison. Le public achète. Il achète même beaucoup, mais seulement certaines marques, et la prospérité des uns fait ressor-
tir encore davantage la malchance des autres.

Après tout, le public n'est peut-être pas bête, il y a malheureusement, dans ces anomalies apparentes, bien de la faute des constructeurs, au moins pour un certain nombre de cas.

Combien d'entre eux, en effet, se sont mis à faire de l'automobile parce que c'était la mode, parce qu'ils étaient convaincus que, dans cette industrie nouvelle, il n'y avait qu'à se baisser pour ramasser la forte somme. Ils ne connaissaient absolument rien du moteur à pétrole et de la voiture automobile. Ils ont relevé, tant bien que mal, les principales cotes d'un moteur Phénix et ils ont pondu un dessin quelconque, un démarquage, où l'on a copié sans vouloir paraître copier et sans très bien se rendre compte du pourquoi des modifications que l'on faisait subir au modèle.

Quelques ouvriers, quelques mauvais outils et un bout d'atelier. Voilà ce qu'on s'imaginait être suffisant pour créer une maison d'automobiles.

Après quelques tâtonnements on obtenait un moteur qui finissait par tourner tant bien que mal sur le banc d'essai. On bricolait une voiture en commandant une boîte de changements de vitesse d'un côté, un embrayage de l'autre, un carburateur à un troisième fournisseur. On mettait sur le tout une carrosserie quelconque et voilà le nouveau type de voiture automobile créé. Annoncés dans les journaux, stand dans une exposition. Le public regarde, tourne autour. Quelques naïfs achètent. Oh ! les malheureux. C'est la panne à jet continu, la panne incessante, la panne indéfinie. Rien ne va dans cette malheureuse voiture faite de bric et de broc. On raconte ses malheurs à ses amis, lesquels s'empressent d'en colporter la nouvelle.

Quelle horreur que cette nouvelle automobile du système Trois Étoiles ! Cela n'est ni fait ni à faire. Tout se disloque, tout se déclinque.

Et, en un clin d'œil, sans qu'on sache comment, par une sorte de mot d'ordre venu on ne sait d'où, la mauvaise réputation de la marque naissante se trouve faite à jamais. La voiture est rangée dans la catégorie de celles « qui ne marchent pas ». Les constructeurs peuvent, à force de travail, arriver à perfectionner leur type. Peine perdue. Le public n'en veut pas et n'en voudra plus, quoi qu'on fasse. Il n'y a qu'à attendre patiemment la fin du capital social.

Et cela recommencera tant que les constructeurs ne voudront pas comprendre que, de tous les problèmes de mécanique, celui de la voiture automobile est, malgré son apparente simplicité, un des plus difficiles à résoudre. Même en restant dans les types connus et usuels, il est extrêmement difficile de faire un bon moteur à pétrole, si l'on n'est pas extrêmement au courant des mœurs et de l'anatomie de cet animal capricieux et têtu. Et tout le reste est aussi peu commode à bien construire que le moteur. La meilleure preuve est que fort peu de constructeurs, même parmi ceux qui ont un outillage perfectionné et de l'argent en abondance, arrivent à produire quelque chose de vraiment bien. Les fabricants qui voient leurs contremaîtres, à force d'habitude, faire fonctionner leurs voitures, trouvent qu'elles sont parfaites et admirent leur œuvre. Le client n'est pas du tout de cet avis et, quitte à payer trop cher, s'adresse à ceux dont les véhicules ont la réputation de marcher. Au fond, c'est assez naturel.

Gardez-vous bien d'en conclure qu'il n'y ait encore de très belles places à prendre dans l'industrie automobile. Le jour où un monsieur arrivera avec une voiture bien étudiée et bien au point, si ce monsieur est un bon commerçant en même temps qu'un bon mécanicien, s'il installe un bon outillage et s'il fabrique sérieusement, vous verrez que son succès sera foudroyant. Mais que l'on finisse par comprendre que cette industrie-là ne peut se faire par à peu près. Il faut, pour y réussir, des qualités multiples, très difficiles à trouver réunies chez un seul homme et beaucoup d'argent. Sans cela, inutile d'essayer.

Tout cela semble évident, mais n'empêchera pas, du reste, bien des malheureux de se brûler encore les doigts en ce métier si malaisé. Le triste est que cela commence à se savoir et que l'actionnaire devient trop défiant pour les nouvelles affaires d'automobiles qu'on lui présente. Il a tort et ma conviction absolue est qu'il y a énormément d'argent à gagner dans l'auto et que cela durera pendant nombre d'années. Mais qu'on ne crée plus une nouvelle marque d'automobiles comme on créerait une fabrique de n'importe quoi. Il faut être un homme supérieur et avoir beaucoup d'argent.

Comment faire pour que cela change et pour qu'un constructeur mécanicien quelconque, ayant un bon outillage et sachant son métier, puisse fabriquer à coup sûr une voiture automobile qui marche, comme il fabriquerait une machine à vapeur ?

Il faut simplement amener la théorie de l'automobile au point où en est la théorie de la machine à vapeur et arriver à la publication d'une série d'ouvrages techniques donnant des renseignements suffisants pour qu'on puisse construire avec ces renseignements.

Déjà, grâce au magistral travail que M. Carlo Bourlet a publié dans la *Locomotion automobile* sur la direction par essieu brisé, tout le monde peut étudier une direction. Que l'on complète un peu cette étude au point de vue théorique, que l'on y joigne des dessins cotés et à l'échelle des diverses directions actuellement en usage, et ce sera une question vidée. N'importe quel ingénieur sera en mesure de construire le mécanisme de direction d'une voiture, en sachant bien ce qu'il construit. Résultat : les fossés des routes, les arbres et les murs des maisons qui les bordent, entreront bien moins souvent en contact avec des chauffeurs ayant mal pris leur virage. Il y aura beaucoup moins de têtes fendues, de membres brisés et de voitures démolies. C'est déjà un résultat.

Supposons le même travail fait pour le moteur lui-même. On ne verra plus, — ce que j'ai vu, de mes yeux vu, — d'infortunés constructeurs dépenser beaucoup d'argent pour construire des moteurs n'arrivant jamais à tourner sur le banc d'essai, même à vide. Il y aura moins de malheureux qui se ruineront en essais infructueux. Si l'on m'objecte qu'il ne s'agit là que d'intérêts particuliers, je répondrai que l'intérêt général est également en jeu. L'étude complète du moteur à pétrole, en supprimant ou, du moins, en rendant beaucoup plus rares les pannes, rendra la voiture automobile réellement pratique et permettra aux industries qui en vivent de prendre un développement que nous ne pouvons même pas soupçonner à l'heure actuelle. Les temps héroïques sont près de finir. Après avoir été un sport de millionnaires et un joujou de snobs, l'automobile va se démocratiser de plus en plus et devenir chaque jour davantage un simple moyen de locomotion. C'est seulement à ce moment qu'elle prendra son essor définitif. Et lorsque tous les constructeurs sauront établir des moteurs marchant bien, on verra une révolution économique comparable à celle qu'ont produite la création et le développement des lignes de chemins de fer.

Si grands que soient les progrès déjà réalisés, il en reste bien d'autres. Pour ne prendre qu'un seul exemple, la dernière course de Pau vient de nous démontrer que l'on était actuellement arrivé à faire des voitures automobiles pourvues de moteurs de 20 chevaux et ne pesant que 900 kilogrammes. C'est un joli résultat et l'on ne saurait trop applaudir à l'habileté des constructeurs qui ont su le réaliser. Reste à savoir si cette double tendance à augmenter indéfiniment la force des moteurs en diminuant le poids des voitures, et, par conséquent, leur solidité, n'est pas absolument contraire aux intérêts de l'industrie automobile. Pour ma part, je pencherais volontiers pour l'affirmative.

Il est, en effet, absolument logique d'augmenter la puissance des moteurs et de diminuer le poids des voitures lorsqu'il s'agit de machines de course. En pareil cas, la question « consommation d'essence » devient absolument négligeable. De même une voiture de course peut, sans graves inconvénients, ne pas pouvoir faire un trop long usage. Il suffit qu'elle soit appropriée au service qu'on lui demande, et il faut tenir compte du fait que ses conducteurs sont des gens absolument expérimentés. Mais le malheur est que le client ordinaire, celui qui achète une voiture pour son usage personnel, a toujours une fâcheuse tendance à préférer les types de course, quitte à les surpayer.

Si vous donnez à ce client une voiture consommant bravement 15 litres d'essence à l'heure, ou même davantage, puisqu'il est question maintenant de voitures dépensant jusqu'à 50 litres à l'heure, quelle tête croyez-vous que fera notre homme, si riche soit-il, lorsqu'il aura à payer, tous les mois, de formidables notes de pétrole ! Il trouvera que c'est absolument ruineux. Pour ma part, je connais des millionnaires qui ont renoncé à l'automobile parce que leurs voitures leur revenaient, tous frais faits, à une quarantaine de mille francs par an et qu'ils en avaient assez d'acquitter de semblables additions. Avez-vous une idée de ce que la voiture de 50 chevaux, que nous aurons bientôt, et celle de 100 chevaux, déjà annoncée, consommeront d'essence pour une journée de travail d'une dizaine d'heures par jour ? Ce sera tout à fait effrayant.

Cette question de la consommation d'essence prend du reste une grande importance maintenant que nous sommes menacés d'une véritable disette d'essence et que, si Bossuet revenait au monde et pratiquait l'automobile, comme certains membres du clergé contemporain, il pourrait prononcer une belle oraison funèbre commençant par : « L'essence se meurt !... L'essence est morte !... » Nos modernes chauffeurs, moins éloquents que l'illustre évêque de Meaux, disent exactement la même chose, en termes moins choisis. Le nombre des autos augmente et l'essence de pétrole, avoine des moteurs, devient rare.

À quoi cela tient-il ? À bien des causes.

D'abord les gisements de la Pensylvanie, qui fournissaient une grande partie du pétrole distillé en France, tendent à s'épuiser. Les huiles minérales américaines cèdent maintenant la place aux huiles russes et ces dernières ont, n'en déplaise aux partisans de l'Alliance, un inconvénient grave à notre point de vue. Elles ne contiennent pour ainsi dire pas d'essence.

Ensuite, précisément au moment où l'essence menace de nous faire défaut, on lui découvre beaucoup d'applications jusqu'alors insoupçonnées. La parfumerie, la teinturerie, l'industrie des produits chimiques, celle des matières colorantes, celle du caoutchouc, l'éclairage à l'air carburé, et bien d'autres encore, se mettent à utiliser et à nous disputer ce liquide qui devrait nous appartenir, par droit de conquête. La pharmacie s'en mêle et l'agriculture elle-même prend part à la curée

...des bidons précieux<br>
Que les pauvres chauffeurs se disputent entre eux.

Il n'en restera bientôt plus. Les fabricants d'essence s'émeuvent. Ils ont déjà haussé leurs prix. C'est toujours par la qu'on commence. Ils annoncent qu'ils les relèveront encore si le besoin s'en fait sentir. C'est tout ce qu'ils peuvent faire pour nous être agréables. A nous de nous débrouiller.

Quelles sont donc les solutions possibles ? Il y en a plusieurs.

Tout d'abord il est bien évident que puisque 100 kilogrammes de pétrole brut donnent environ 70 kilogrammes de pétrole raffiné et seulement 10 kilogrammes d'essence, on en arrivera forcément a construire des moteurs fonctionnant au pétrole au lieu de fonctionner a l'essence. Il en existe déja un certain nombre. Il est tres probable qu'on les verra se multiplier.

Un autre remède, qui serait loin d'etre le plus mauvais, consisterait, pour nos constructeurs d'automobiles, a rechercher des types de moteurs a consommation réduite. On ne s'en est guère préoccupé jusqu'a présent. Le grand objectif des constructeurs est d'arriver a installer des moteurs aussi puissants que possible sur des véhicules de plus en plus allégés. Il est évident que cela ne pourra qu'aggraver la disette qui nous menace. Ne vaudrait-il pas mieux chercher à perfectionner la partie mécanique des voitures ? Actuellement, on perd dans les transmissions pres de la moitié de la puissance du moteur. Ne pourra-t-on pas de ce côté réaliser de sérieux progrés en se donnant un peu de peine ? J'en suis convaincu, et j'ai trop bonne opinion de nos fabricants pour croire la solution du problème au dessus de leurs forces.

Il y a enfin une troisième manière d'en sortir, c'est de rechercher d'une façon tres attentive quels sont les produits chimiques capables de remplacer l'essence pour la production de la force motrice, et d'expérimenter ces produits. Un essai intéressant a été tenté dans cet ordre d'idées au concours, nos lecteurs ont en effet pu voir, a la page 47 de cette brochure, dans les essais du moteur Gobron-Brillié, qu'on a fait fonctionner un moteur avec un hydrocarbure a 880 provenant de la distillation du goudron de houille et que les résultats ont été satisfaisants a tous les points de vue. Il n'y a qu'un inconvénient a l'emploi de cet hydrocarbure qui coûte beaucoup moins cher que l'essence de pétrole et qu'on pourrait se procurer facilement en quantités importantes : c'est qu'il contient des produits sulfurés, — je dis : sulfurés, pour ne pas employer des termes chimiques trop spéciaux, — et que ces maudits produits dégagent, avant et après la combustion, une odeur parfaitement désagréable. Enlever ce diable de soufre ne serait qu'un jeu pour nos chimistes et les procédés ne manquent pas. La seule difficulté est de trouver un mode opératoire suffisamment économique. Si les renseignements qu'on m'a donnés sont exacts, ce sera chose faite dans quelques semaines.

Enfin, comme dernière solution, nous aurons peut-être l'emploi de l'alcool, sur lequel le *Vélo* attirait l'attention, l'année dernière, par son critérium spécial sur le parcours Paris-Chantilly et retour. La question était tellement nouvelle à ce moment que cette épreuve n'a pu donner des résultats bien concluants. La première chose à faire, pour étudier d'une façon utile l'emploi de l'alcool comme succédané de l'essence, serait en effet de commencer par construire des moteurs spécialement appropriés à cet usage. On n'a pas osé le faire encore et c'est regrettable. Il est en effet difficile de tirer des conclusions sérieuses des expériences déjà faites par M. Max Ringelmann pour la Société d'agriculture de Meaux, sur un moteur Brouhot horizontal de 2 à 3 chevaux et un moteur Benz vertical de 3 à 4 chevaux. Ceux de mes lecteurs que la question intéresse trouveront les résultats de ces expériences résumés dans l'excellent *Manuel théorique et pratique de l'automobile sur routes*, que vient de publier M. Gérard Lavergne. Les essais de M. Petreano ont de même le tort d'avoir été effectués avec un moteur Otto modèle 1884 donnant 5 chevaux à 180 tours, mais là du moins on a employé un carburateur spécial et le rendement s'en est trouvé sensiblement amélioré. Les Allemands seuls ont compris que, pour faire œuvre utile en pareille matière, il est indispensable, avant toute chose, de fabriquer un moteur et un carburateur construits spécialement. C'est ainsi que la maison Kœrting, de Hanovre, a procédé. Elle aurait pu réaliser le cheval-heure indiqué avec une consommation de 49 centilitres d'alcool à 93 degrés, du poids spécifique de 0.815, ce qui correspondrait à 0,612 par cheval effectif.

Si ces chiffres sont exacts, l'emploi de l'alcool pour la production de la force motrice serait très possible en France. Il

faudrait, il est vrai, que notre administration renonçât à
fourrer dans l'alcool destiné aux usages industriels, sous
prétexte de les dénaturer, des matières nauséabondes qui
encrassent les cylindres et les soupapes des moteurs. Ladite
administration touche 7 francs par hectolitre pour se livrer à
ce joli travail. C'est une dépense qu'il serait très facile de
supprimer si l'on voulait s'en donner la peine. Actuellement
la Régie ajoute 10 à 15 p. 100 de dénaturant à l'alcool que
produisent les distilleries. On obtient ainsi de l'alcool a
90 degrés d'un emploi fort peu avantageux. Supposez au
contraire que, comme M. Périssé le proposait dernierement
dans une conférence faite a la Société des ingénieurs civils,
on dénature simplement l'alcool pour moteurs avec des
hydrocarbures susceptibles de produire eux-mêmes de la
force motrice. On arriverait très probablement, a la condition d'avoir des moteurs et des carburateurs appropriés, à
des résultats curieux.

Il y aurait, dans cette substitution de l'alcool au pétrole,
une vraie source de fortune pour nos cultivateurs, et le progrès réalisé ne léserait personne, puisque, comme nous le
disions en commençant, l'essence de pétrole semble destinée
à devenir de jour en jour plus rare. Malgré cela, personne
ne s'en préoccupe. Les constructeurs consentent bien a prêter
parfois un moteur pour des essais de ce genre. Il n'y en a
qu'un qui se soit réellement intéressé a la question et nous
avons vu que c'est un Allemand. D'autre part, l'administration, figée dans ses errements, ne se préoccupe guère de favo-
riser le progrès. Elle ne s'émeut que des questions pouvant
donner matière à des interpellations a la Chambre et l'emploi de l'alcool comme agent de force motrice n'a jamais pas-
sionné le plus petit député, ni le moindre sénateur. Ces mes-
sieurs savent généralement que l'alcool est susceptible de se
boire. On surprendrait la plupart d'entre eux en leur disant
qu'il peut servir à faire fonctionner des moteurs. On les éton-
nerait bien davantage en ajoutant qu'il suffirait de modifier
quelques règlements pour donner a nos agriculteurs et a nos dis
tillateurs de nouveaux débouchés d'une incalculable importance.

Toutes ces questions si intéressantes seraient possibles à élucider si l'on disposait d'un laboratoire d'essais suffisamment bien outillé et disposant d'un budget.

Un laboratoire de ce genre pourrait également déterminer en même temps d'une façon définitive les méthodes de calcul permettant de déterminer les dimensions de toutes les pièces entrant dans la construction des voitures automobiles. Actuellement cette construction se fait un peu à vue de nez avec une tendance manifeste à alléger de plus en plus la construction, en même temps que l'on augmente de plus en plus la puissance des moteurs. Cette réduction du poids des voitures ne se fait-elle pas au détriment de la durée et de la solidité des véhicules ? J'en ai bien peur.

Il est, en effet, à noter que tous les véhicules automobiles actuellement connus ont débuté par être de plus en plus légers pour devenir ensuite de plus en plus lourds. Actuellement les wagons de chemins de fer les plus pesants sont ceux des grands rapides. De même les tramways automobiles augmentent sans cesse de poids à mesure que leur type se perfectionne. On en est revenu de la légèreté pour arriver à la solidité et l'on s'en est bien trouvé. On fera peut-être de même pour les voitures.

On me racontait, à ce sujet, l'histoire d'un constructeur de voitures automobiles dont le véhicule marche du reste fort bien. Il a été essayé au concours de moteurs et a donné d'excellents résultats. Or, ledit constructeur, après avoir fait une voiture légère, a construit le même type de voiture en le rendant plus solide, en l'alourdissant. Le nouveau véhicule pesait 150 kilogrammes de plus que l'ancien, il avait un moteur exactement de la même puissance que lui, et il marchait plus vite, à poids supérieur. Cela tendrait à prouver que la légèreté n'est pas tout et que l'alourdissement qui donne des transmissions plus indéformables, et par suite des roulements meilleurs, peut fort bien constituer un avantage au lieu d'être un inconvénient.

Quelle sera la voie définitive vers laquelle s'orientera l'industrie automobile, en l'espèce ? Il serait bien difficile de le préjuger. En arrivera-t-on, comme pour la bicyclette, à avoir des types pour les courses sur routes et des types pour le tourisme courant. C'est possible?

Je crois que l'objectif des fabricants devrait être de perfectionner les transmissions et les roulements de leurs voitures. Le jour où ces transmissions ne mangeront plus gentiment la moitié, ou peu s'en faut, de la puissance des moteurs, il y aura déjà un grand pas de fait. Lorsque l'on aura perfectionné les carburateurs et l'allumage de façon à diminuer la consommation de pétrole, ce sera un nouveau progrès. Tout cela revient en somme absolument au même que l'augmentation de la puissance des moteurs ou que la diminution du poids des voitures, et cela aurait le grand avantage de ménager la bourse du client, ce qui a bien son intérêt. C'est, en effet, toujours le client qui a le dernier mot, puisque c'est lui qui paye, et il faudrait que les améliorations faites n'aboutissent pas à le dégoûter de cette occupation, qui n'a rien de particulièrement agréable pour lui, mais qui a, pour le fabricant, des avantages sur lesquels il est inutile d'insister.

Et maintenant il faudrait conclure. Ma conclusion sera bien simple.

Il est grand temps, si l'on veut que l'industrie automobile prenne enfin son essor définitif, que tous les éléments de construction des voitures à moteurs soient déterminés expérimentalement et publiés pour être mis à la disposition de tous.

Il est maintenant prouvé qu'on peut élucider, par l'expérience directe, tous les problèmes concernant l'automobile. Qu'on crée un laboratoire d'essai et qu'on procède à cette étude.

Mais qui créera ce laboratoire ?

Un généreux Mécène ? C'est peu probable ; nous sommes en France et les Mécènes y sont rares lorsqu'il s'agit d'une œuvre utile. Ils sont plus que rares, ils sont introuvables.

Sera-ce l'Automobile-Club ? Je le souhaite de grand cœur ; mais s'il crée un laboratoire de ce genre, qu'il le mette à l'abri, dès sa naissance, des causes qui ont déjà frappé de stérilité quelques-unes de ses tentatives. Réunies de nouveau, elles auraient vite fait d'anéantir l'œuvre.

Quoi qu'il en soit, le laboratoire se fera, parce qu'il répond à un besoin, et cela me suffit.

En attendant, et pour déblayer un peu le terrain, l'initiative privée, mise en branle par les journaux, pourra utilement reprendre la tâche commencée par nous. Que l'on multiplie les concours : concours de différentiels, de changements de vitesse, de carburateurs, de chaînes, que sais-je encore ? Que l'on fasse de sérieux essais de consommation sur tous les hydrocarbures ou autres succédanés du pétrole pouvant être utilisés dans les moteurs d'automobile. Le champ est vaste, on n'en a défriché qu'un bien petit coin, mais il existe heureusement, de par le monde, bien des hommes de bonne volonté.

Notre modeste concours de moteurs a montré qu'il suffisait de quelques articles de journal pour grouper immédiatement un grand nombre d'ingénieurs tout prêts à donner leur temps et leur travail dans le seul but d'accomplir une œuvre utile. Pour la Presse les questions d'argent disparaissent et certainement nos continuateurs trouveront, comme cela nous est arrivé, des constructeurs et des industriels offrant, a l'exemple de MM. Malicet et Blin, leur personnel, leurs locaux et leur outillage. Nous avons indiqué la voie et nous serons les premiers à applaudir si nos continuateurs peuvent mener rapidement à bien la lourde tâche qui reste à accomplir pour que la construction des automobiles puisse se faire sur des données absolument précises.

# TABLE DES MATIÈRES



## RÉSULTATS D'ESSAIS DE MOTEURS

RÉSULTATS D'ESSAIS DE VOITURES AUX JANTES